성령의 약속,
마르티니의 영신 수련

Dove arde lo Spirito by Carlo Maria Martini
Copyright © Fondazione Carlo Maria Martini
Korean edition © 2023 by Catholic Publishing House

성령의 약속, 마르티니의 영신 수련

2007년 4월 10일 교회 인가
2007년 6월 30일 초판 1쇄 펴냄
2023년 12월 25일 개정 초판 1쇄 펴냄
2025년 9월 12일 개정 초판 2쇄 펴냄

지은이 · 카를로 마리아 마르티니
옮긴이 · 이건
펴낸이 · 정순택
펴낸곳 · 가톨릭출판사
편집 겸 인쇄인 · 김대영
편집 · 김지현, 김지영, 박다솜
디자인 · 강해인, 이경숙, 정호진
마케팅 · 임찬양, 안효진, 황희진, 노가영

본사 · 서울특별시 중구 중림로 27
등록 · 1958. 1. 16. 제2-314호
전자우편 · edit@catholicbook.kr
전화 · 1544-1886(대표 번호)
지로번호 · 3000997

ISBN 978-89-321-1878-9 03230

값 15,000원

성경 ⓒ 한국천주교중앙협의회, 2023

이 책의 한국어 출판권은 (재)천주교서울대교구 가톨릭출판사에 있습니다.
저작권법에 의해 보호를 받는 저작물이므로 무단 전재와 무단 복제를 금합니다.

가톨릭의 모든 도서와 성물, 디지털 콘텐츠를 '가톨릭북플러스'에서 만날 수 있습니다.
https://www.catholicbookplus.kr | (02)6365-1888(구입 문의)

성령의 약속,

마르티니의 영신 수련

카를로 마리아 마르티니 지음
이건 옮김

가톨릭출판사

들어가며

영신 수련과 성령의 선물

영신 수련의 동기와 목적

저는 영신 수련Esercizi spirituali 강의를 할 때마다 항상 감정이 북받칩니다. 강렬한 영의 작용 때문이지요. 오늘은 더욱더 그렇군요. 무엇보다 우리가 지금 화려하고 역사적인 밀라노 대성당에 모여 있기 때문이 아닌가 싶습니다. 이 성당에 암브로시오 성인의 무덤이 있는 데다가, 수많은 교구민이 집이나 본당에서 라디오와 텔레비전을 통해 우리와 하나 되어 깊은 친교를 이루는 가운데 이 영신 수련에 기도로써 동참하기 때문이지요.

이 특별한 영신 수련을 준비하게 된 것은 두 개의 기념 행사에 힘입은 바가 큽니다. 요한 바오로 2세 교황께서 성 암브로시오의 해와 대희년 준비 단계의 둘째 해를 "그리스도의 제자 공동체 안에 계시는 성령의 성화 현존"에 봉헌하라고 우리에게 요청하셨기 때문입니다(《제삼천년기》, 44항 참조).

이에 로마의 지역 교회를 비롯한 여타 교회들은 시민적 · 교구적 차원의 선교를 다짐하였고, 볼로냐 교회는 전국 성체 대회를 개최하였습니다. 우리 교구는 교구의 크기와 규모, 그리고 라디오와 텔레비전을 통해 교구 내 모든 본당을 규합할 수 있음을 고려할 때, 영신 수련이야말로 이 같은 다짐을 실현하기 위한 가장 좋은 방편이라고 판단하였습니다. 이번 영신 수련은 참된 영적 여정을 위한 전환점이 될 것입니다.

요한 바오로 2세 교황께서는 암브로시오 성인 선종 1600주년을 맞아 밀라노 교회에 보낸 교황 교서 〈성 암브로시오 선종 1600주년에 즈음하여 Operosam Diem〉에서 우리의 수호성인이자 영적 지도자이신 성인의 생활 지침을 따르라고 권고하셨습니다.

우리가 2000년 대희년의 우선적 목표, 즉 신앙의 강화와 희망·증거의 심화를 향해 더욱 민첩하게 움직이도록 말입니다. 이것이 우리가 이제 시작하려는 영신 수련의 목표입니다.

저는 이 첫째가는 목표를 두고 영신 수련에 참가한 여러분 각자에게 한 가지 질문을 드릴까 합니다.

나는 무엇을 지향하는가?
나는 영적 생활 안에서 무엇을 얻고자 하는가?
나는 주님께 무엇을 청하는가?

어떤 사람은 훌륭한 신앙 고백의 열매를 바라거나 힘겨운 순간을 극복하기를 바랄 수 있겠지요. 또 어떤 사람은 마음의 평온이나 가족의 화해, 아니면 새로운 기도의 열정, 주일 미사에 더욱 열심히 참여하는 신실함을 바랄 수도 있습니다.

우리가 어떤 마음을 먹더라도 성령께서는 우리가 매일의 열매와 은총을 깨닫도록 도와주십니다. 영신 수련은 말 그대로 영의 훈련입니다. 그 안에는 주님께 기도로 간구함으로써 얻는 도움에 힘입어 정확한 목적을 향해 나아갈 길이 열려 있습니다.

영신 수련의 주제

우리는 성령과 그분의 선물에 대해 묵상할 것입니다. 이는 제가 발표한 사목 교서 〈영의 세 가지 이야기 *Tre racconti dello Spirito*〉에서 집중적으로 다루는 주제입니다. 성령의 선물에 대한 교리는 우리가 세례성사와 견진성사에서 받은 놀라운 풍요로움을 깨닫게 해 주는 데 더없이 유용하고, 우리뿐 아니라 다른 사람들까지 더욱 행복하고 아름다운 삶을 살도록 이끄는 데 더없이 효과적이기 때문입니다.

저는 하나의 근본적인 성찰에서, 곧 소박한 영의 인간학에서, 다시 말해 부활하신 예수님의 영의 힘이 우리 안에 심어 주는 인간의 모습에서 출발하고자 합니다. 그것이 성령의 선물을 묵상하는 기초가 되기 때문입니다. 그러고 나서 곧바로 '공경'이라는 첫 번째 선물에 대해 고찰하겠습니다.

우리는 성령에 관한 저명한 스승이셨던 암브로시오 성인을 각자의 내적 스승으로 모시며, 성인의 보호 아래 영적 여정을 시작할 것입니다. 아울러 우리는 선종 백 주년을 맞아 기쁜 마음으로 공경을 드렸던 아기 예수의 데레사 성녀의 보호 아래 있습니다. 성령의 선물을 더없이 감미로워하셨던 아기 예수의 데레사 성녀는 성령이 우리 마음속에 불어넣어 주는 풍요에 젖어 들도록 우리를 도와 간구해 주실 것입니다.

묵상

먼저 이사야서의 말씀을 간단히 풀이하고자 합니다.

"이사이의 그루터기에서 햇순이 돋아나고
그 뿌리에서 새싹이 움트리라.
그 위에 주님의 영이 머무르리니
지혜와 통찰의 영
의견과 용기의 영
지식의 영과 주님을 경외함이다."(이사 11,1-2)

이 두 구절(새 성경에서는 11장 2절을 "지혜와 슬기의 영 경륜과 용맹의 영"이라고 옮겼으나 이 구절이 교회에서 가르치는 성령 칠은과 깊은 관련이 있기에 위와 같이 번역하였다. — 옮긴이 주)은 메시아적 시詩의 시작입니다. 예언자는 이 시에서 메시아, 다윗의 후손, 이사이의 아들을 묘사합니다. 새싹으로, 커다란 폭풍우에 맥없이 쓰러진 나무에서 새롭게 돋아난 가지로 비유

된 미래의 후손으로 말입니다. 한때 폭풍우와 커다란 바람과 지진이 휘몰아친 적이 있었습니다. 그 바람에 모든 것이 다 죽은 듯 보였지만 그 안에서 햇순이, 새로운 어떤 것이 움틉니다.

햇순은 지혜 - 통찰, 의견 - 용기, 지식 - 경외처럼 세 쌍의 명사로 표현된 몇 가지 특징을 가집니다. 히브리 성경에서 읽을 수 있는 이 여섯 가지 선물에 그리스 성경과 라틴 성경은 공경이라는 선물을 하나 더 추가하였습니다. 이 모든 것은 평화 시時의 어질고 사려 깊은 왕(솔로몬이 사려 깊고 지혜와 통찰로 충만하였듯이), 전시戰時의 명민하고 강력한 왕(다윗이 의견과 용기로 충만하였듯이), 경건하고 신실하여 지식과 주님에 대한 경외로 충만한 왕(요시야와 히즈키야처럼)의 특징을 두루 나타냅니다. 이 시는 지극히 위대한 왕, 신비로운 미래의 왕에 대해 말합니다.

이 모든 것을 타고난 왕은 과연 누구일까요? 두말할 것도 없이 예수님입니다. 신약 성경은 성령께서 그분 곁에서 쉬고 계신다고 말합니다.

성령에 대해 말하는 것은 사람이신 예수님에 대해 말하는 것과 같습니다. 성령께서는 그분 위에 충만하게 내려와 계시며, 그분 곁에서 머무시고 쉬시며, 마치 당신 집처럼 편안하게 계십니다. 성령께서는 아버지의 아들 예수님의 삶 속에서 한층 더 높이 당신 자신을 드러내십니다. 예수님이야말로 일곱 가지 선물을 충만하게 갖고 계시는 분입니다.

이사야서의 말씀은 예수님 안에 사는 사람이라면, 즉 예수님 안에 있는 사람이라면 누구나 그럴 수 있음을 암시합니다. 우선 "은총이 가득한" 마리아(성령께서 너에게 내려오실 것이다: 루카 1,35 참조)가 그렇습니다. 그다음으로 세례 받은 모든 사람이 그렇습니다. 우리는 모두 세례 때 이 같은 특징과 자질을 받았습니다.

바로 여기에서 성령 칠은의 인간학이 나옵니다. 암브로시오 성인이 그것을 처음으로 깨달았고, 이후 계속 발전되어 토마스 아퀴나스 성인에 이르러 절정을 맞습니다. 토마스 아퀴나스 성인은 그리스도인으로서 '행동'하기 위해서는 우리가 믿음과 희망과 사랑이라고 부르는 것의 총체가 필요하다고 강조합니다.

하지만 세상과 역사의 모순 속에서 거룩하게 살며 행동하기 위해서는 그것들만으로 충분하지 않습니다. 그리스도인은 지혜, 통찰, 의견, 용기, 지식, 공경, 하느님에 대한 경외를 따라 작용하는 영의 움직임에 순종하는 것이 필요합니다.

성령의 선물에 관한 그리스도교 인간학은 진실로 기운을 북돋아 줍니다. 모든 그리스도인은 믿음과 희망과 사랑의 삶을 삽니다.

믿음은 통찰, 지식, 의견의 영에 힘입어 완전해집니다. 희망은 하느님에 대한 경외와 용기의 영에 힘입어 완전해집니다. 사랑은 공경과 지혜의 영에 힘입어 완전해질 때 비로소 충만하게 드러납니다. 그래서 그리스도인은 온갖 덕德과 선물로 풍요로우며, 이 일곱 가지 선물은 '참행복'을 이룹니다.

"행복하여라, 마음이 가난한 사람들!

하늘 나라가 그들의 것이다.

행복하여라, 슬퍼하는 사람들!

그들은 위로를 받을 것이다.

행복하여라, 온유한 사람들!

그들은 땅을 차지할 것이다.

행복하여라, 의로움에 주리고 목마른 사람들!

그들은 흡족해질 것이다.

행복하여라, 자비로운 사람들!

그들은 자비를 입을 것이다.

행복하여라, 마음이 깨끗한 사람들!

그들은 하느님을 볼 것이다.

행복하여라, 평화를 이루는 사람들!

그들은 하느님의 자녀라 불릴 것이다.

행복하여라, 의로움 때문에 박해를 받는 사람들!

하늘 나라가 그들의 것이다."(마태 5,3-10)

게다가 성령의 열매는 바오로 사도가 언급한 내용과도 부합합니다.

"성령의 열매는 사랑, 기쁨, 평화, 인내, 호의, 선의, 성실, 온유, 절제입니다."(갈라 5,22-23)

이 모든 것(덕, 선물, 참행복, 성령의 열매)은 특별한 풍요, 즉 은총 생활로 흠뻑 젖은 활기라고 말할 수 있습니다. 우리가 바로 그 본보기입니다. 따라서 우리는 이 점을 늘 염두에 두어야 합니다.

성령은 우리가 하느님의 품속으로, 영원한 충만을 향해 다가가도록 선물을 가득 안겨 줍니다. 그리스도인의 참삶이 시냇물과 강물처럼 우리에게 흘러 들어오기 시작하는 때는 우리가 이 같은 사실을 자각하게 될 때입니다. 우리가 지금 시작하는 영신 수련이 그것을 가능하게 해 주겠지요.

우리가 요한 바오로 2세 교황의 교서 〈제삼천년기〉와

저의 사목 교서 〈영의 세 가지 이야기〉에서 제시한 선물들을 발견할 수 있다면, 그래서 "오, 성령께서 내 안에 이루신 일들, 이 얼마나 놀라운가!" 하며 탄성을 지를 수 있다면 얼마나 흐뭇하겠습니까!

차례

들어가며 … 영신 수련과 성령의 선물 5

1장 … 성령의 선물은 공경입니다 19
2장 … 성령의 선물은 지혜입니다 33
3장 … 성령의 선물은 하느님에 대한 경외입니다 63
4장 … 성령의 선물은 의견과 지식입니다 91
5장 … 성령의 선물은 통찰과 용기입니다 117

나가며 … 영신 수련을 마치는 세 가지 성찰 135
부록 … 공동체의 양심 성찰을 위한 십계명 144

1장

성령의 선물은
공경입니다

공경의 선물은 삶의 고뇌를 없애 주고,

그것을 이겨 내게 해 줍니다.

공경의 선물

공경의 선물에 대해 살펴봅시다. 공경은 우리가 영신수련을 더욱 잘 생활화하도록 도와주는 선물입니다. 공경은 실제로 우리가 자발적으로, 의욕적으로, 그리고 열정적으로 기도하게 해 주며 막힘없고, 밝고, 평온한 기도를 마음에서 우러나오게 해 줍니다.

종종 우리는 마지못해 기도할 때가 있습니다. 그러면 기도 내용도 딱딱해지고, 싫증이 나기도 합니다.

공경의 선물은 우리가 자녀로서 하느님을 "아버지!"라고 부르며, 그분께 큰 소리로 애원하고 기도하도록 도와줍니다.

공경은 최고의 놀라운 선물로, 예수님의 지상 생활 내내 그분과 함께했습니다. 이 점을 좀 더 자세히 설명하기 위해 루카 복음서의 한 구절을 들려드리겠습니다.

"온 백성이 세례를 받은 뒤에 예수님께서도 세례를 받으시고 기도를 하시는데, 하늘이 열리며 성령께서 비둘기 같은 형체로 그분 위에 내리시고, 하늘에서 소리가 들려왔다. '너는 내가 사랑하는 아들, 내 마음에 드는 아들이다.'"(루카 3,21-22)

우리는 무엇보다 먼저 루카 복음사가가 전하는 예수님의 첫 번째 공적 활동이 바로 그분의 기도라는 사실에 주목해야 합니다.

예수님께서는 기도하는 사람으로 나타나시니, 과연 그분은 기도하는 분이십니다. 그리고 예수님께서 아들로서 기도하시자 하늘에서 아버지의 목소리가 울려 퍼지며 그분께서 당신의 아들이심을 증명해 줍니다.

"너는 내가 사랑하는 아들, 내 마음에 드는 아들이다."(루카 3.22)

예수님께서는 공경의 선물을 깊이 체현하셨습니다. 그래서 하느님 앞에 아들로서 존재한다는 내적 친밀감을 항상 맛보셨으며, 열두 살 때 마리아와 요셉이 예루살렘 성전으로 당신을 찾으러 오자 그때 벌써 하느님을 "아버지"라고 부르셨습니다.

"저는 제 아버지의 집에 있어야 하는 줄을 모르셨습니까?"(루카 2.49)

그러므로 공경의 선물은 자녀로서 다정하게 하느님과 대화를 나누고, 하느님을 찬미하며, 하느님께 흠숭을 드릴 줄 아는 것입니다. 공경은 하느님을 아버지로 흠숭하며 그분을 모든 참된 선물의 샘이자 중심으로 인정하는 것입니다. 공경은 하느님에 대한 애정이고, 그분을 열렬히 사랑하고 모든 일에서 그분께 영광을 드리려는 마음입니다.

그리스도인은 공경의 선물에 힘입어 하느님의 위로만을 찾지 않고, 그분의 기쁨과 세상의 죄로 말미암은 그분의 고통에 동참하기를 갈망합니다.

성인의 삶에서 드러나는 공경의 선물

공경의 선물은 성인들의 삶 안에서 나타납니다. 아기 예수의 데레사 성녀를 떠올리면서, 하늘의 아버지를 향해 나아가는 성인의 자발성과 하느님과의 관계 안에서 성인에게 흘러넘치던 애정에 대해 생각해 봅니다.

어느 날, 아기 예수의 데레사 성녀의 친언니인 셀리나는 빠른 손놀림으로 바느질을 하면서도 깊이 명상에 빠

진 듯한 데레사를 보고 놀라서 물었습니다.

"'무엇을 생각하고 있어요?' 하고 내가 묻자, '주님의 기도를 묵상하고 있었어요.'라고 대답했습니다. '선하신 하느님을 우리 아버지라고 부르는 것이 얼마나 감미로운지요······!' 그리고 그녀의 눈에는 눈물이 반짝이고 있었습니다."(《권고와 추억》, 가톨릭출판사, 2001, 107쪽)

데레사 성녀는 《자서전 B》에서 아낌없는 신뢰를 내보였습니다.

"예수님께서는 제게 거룩한 불가마로 이어지는 외길을 즐겨 보여 주십니다. 이 외길이란 곧 아버지의 품속에서 아무 겁 없이 잠드는 어린이의 믿고 내맡기는 마음입니다."(242항)

병마의 공격으로 데레사 성녀의 영혼이 가장 큰 고통을 받을 무렵인 1896년 6월 7일에 쓴 시에도 이와 같은 신뢰는 여전하였습니다.

"저의 하늘은 언제나 제 하느님의 품에 머무는 것, 그분을 '아버지'라 부르는 데 있습니다."

공경의 선물은 너무나 심오하여 굳이 알려 주지 않아도 우리가 자녀다운 단순함과 진실한 마음으로 하느님을 바라보게 해 줍니다.

일상을 바꾸는 공경의 선물

공경의 선물은 다른 사람들과 더불어 사는 가운데서 온전히 드러납니다. 우리는 그것이 인간관계 안에 자리하는 감성의 선물로, 모든 이를 정겹고 친절하게 대하는 것임을 압니다. 문득 바오로 6세 교황 성하가 생각납니다. 성하께서는 모든 사람을 존중하고 모든 사람과 다정하고 친절하게 어울려야 한다는 것을 너무나 잘 아는 은총을 받았다고 말씀하셨지요. 실제로 우리가 공경의 영을 갖고 아버지이신 하느님 앞에 서 있다면, 모든 사람이 하느님의 사랑을 받는 그분의 자녀임을 깨닫는 것은 아주 자연스러운 일입니다.

따라서 공경의 선물은 일상생활 안에, 가정생활 안에, 하루하루의 관계 안에 깃든 선물이며, 그 모든 것을 아름답고 즐겁고 유쾌하게 바꾸어 줍니다. 공경의 선물은 가시 같은 비탄과 불목을 없애 주고, 우리 관계의 모난 곳을 부드럽게 해 줍니다.

하느님과 이웃을 더욱 사랑하게 되는 공경의 선물

공경에 반대되는 태도가 무엇이냐고 물으면, 일반적으

로는 불경不敬이라고 할지도 모릅니다. 그러나 영적 전통에서는 마음의 완고힘, 무감각, 다른 사람들을 이해할 줄 모르는 자세를 지목합니다.

불경은 하느님과 거룩한 모든 것을 경시하는 것입니다. 마음의 완고함은 다른 사람들을 하느님의 자녀로 느끼지 못하고, 선하신 아버지를 믿지 못하는 외적 태도입니다. 그래서 하느님과 형제들의 마음을 아프게 합니다.

저는 또한 공경의 선물이 갖는 사회적 중요성을 강조하고 싶습니다. 자녀로서 애정 어린 기도를 하기 시작하면 자식과 부모의 관계, 부부간의 관계는 물론 일, 우정, 본당, 동네, 모임에서의 관계도 한결 좋아집니다. 그 모든 이에게 구체적인 관심을 갖고 존중하며, 그들을 풍부한 감성으로 따뜻이 어루만져 주기 때문입니다.

고요 속에 머물며 성찰하기

1. 아기 예수의 데레사 성녀는 하느님을 아버지라 생각하면서 눈물을 흘리며 '주님의 기도'를 바쳤습니다. 나는 이 기도를 어떻게 바칩니까?

2. 삶의 고뇌를 어떻게 극복합니까? 하느님께서 내 아버지이시며, 따라서 세상 그 무엇도 나를 해할 수 없음을 알기에, 신뢰하는 마음으로 하느님의 품속에 나 자신을 맡깁니까?
   공경의 선물은 삶의 고뇌를 없애 주고, 그것을 이겨 내게 해 줍니다.

3. 가족, 이웃, 매일 마주치는 사람들을 대할 때 나는

그들을 사랑으로 존중해 줍니까?

공경은 무엇보다 가족 안에서 실천해야 하는 덕입니다. 우리 가까이에 있는 이들에게는 사려 깊은 관심을 보여 주기 쉬워도, 멀리 떨어져 있거나 아예 만나기 힘든 사람들에게는 안부 인사를 전하는 일조차 소홀하기 쉽습니다. 눈에 보이지 않으면 마음도 멀어지기 쉽기 때문입니다. 그러나 공경은 하느님과 이웃과의 관계를 단순하고 소박하게, 자연스럽고 즉흥적이며 신뢰 가득한 기도 안에서 맺게 해 주는 선물입니다.

2장

성령의 선물은 지혜입니다

♦

지혜는 시야와 마음을 넓혀 줌으로써
우리 안에서 하느님의 계획이 갖는 역할을
인식하고, 지각하고, 깨닫도록 도와줍니다.

지혜는 성령의 일곱 가지 선물 중에서 가장 먼저 나오는 선물입니다. 앞의 묵상에서 자녀로서의 사랑을 가장 잘 나타내는 선물로 '공경'에 대해 살펴보았습니다. 그런데 오늘날 공경이라는 말이 잘 사용되지 않고 조금 고상하게 느껴지는 것처럼, '지혜'라는 말 역시 의미심장하고 신비스러운 어떤 것(옛사람들의 지혜)을 암시하는 것처럼 여겨집니다. 요즘은 지혜라는 말 대신 '지식scienza'이라는 말을 즐겨 쓰곤 합니다. 한 가지 유의할 점이 있다면 학문을 통해 지식을 쌓은 학자는 사고思考하는 사람이지, 현자賢者나 지자智者는 아니라는 사실입니다.

명사 '지혜'와 형용사 '지혜로운', '현명한'은 성경에서 가장 많이 쓰이는 단어입니다. 성경 한 권은 아예 제목 자체가 지혜이며, 이 책은 지혜 문학 시리즈(욥기, 잠언, 코헬렛, 지혜서, 집회서)에 속합니다. 그렇다면 성경에서 그처럼 중요하게 여기는 '지혜'라는 말은 대체 어떤 뜻을 지닐까요?

밀라노 대성당의 제대 위로 올라오려면 다섯 계단을 밟아야 하듯이, 이 질문에 답하기 위해서는 다섯 단계의 과정을 거쳐야만 합니다. 첫째 예수님의 지혜, 둘째 그리스도인의 지혜, 셋째 십자가의 지혜, 넷째 지혜의 선물, 다섯째 지혜의 적, 즉 무지와 어리석음과 우둔함입니다.

예수님의 지혜

예수님의 지혜는 나자렛에서 시작한 가르침을 필두로 루카 복음서에 잘 나타납니다.

"예수님께서는 당신이 자라신 나자렛으로 가시어,

안식일에 늘 하시던 대로 회당에 들어가셨다. 그리고 성경을 봉독하려고 일어서시자, 이사야 예언자의 두루마리가 그분께 건네졌다. 그분께서는 두루마리를 펴시고 이러한 말씀이 기록된 부분을 찾으셨다.

'주님께서 나에게 기름을 부어 주시니

주님의 영이 내 위에 내리셨다.

주님께서 나를 보내시어

가난한 이들에게 기쁜 소식을 전하고

잡혀간 이들에게 해방을 선포하며

눈먼 이들을 다시 보게 하고

억압받는 이들을 해방시켜 내보내며

주님의 은혜로운 해를 선포하게 하셨다.'

예수님께서 두루마리를 말아 시중드는 이에게 돌려주시고 자리에 앉으시니, 회당에 있던 모든 사람의 눈이 예수님을 주시하였다. 예수님께서 그들에게 말씀하기 시작하셨다.

'오늘 이 성경 말씀이 너희가 듣는 가운데에서 이

루어졌다.'"(루카 4,16-21)

루카 복음서 본문에 담긴 의미를 제대로 이해하기 위해서는 마르코 복음서 6장 2절의 병행 구절을 살펴보아야 합니다. 마르코 복음서에서는 사람들이 예수님의 가르침을 듣고 탄복하며 놀라워했음을 강조합니다.

"저 사람이 어디서 저 모든 것을 얻었을까? 저런 지혜를 어디서 받았을까?"

우리도 한 번 자문해 봅시다. 대체 무엇을 두고 지혜의 가르침이라 하는 것일까요? 예수님께서는 성경을 설명하실 때 왜 하필 지혜를 드러내 보이셨을까요?

예수님께서는 나자렛에서 가르치셨습니다. 그분은 나자렛에서 인간의 지혜를 배우셨지만 그때 배운 지혜는 그 같은 가르침을 전하기에는 충분하지 않았습니다. 따라서 그 가르침은 예수님께서 받으신 교육에서 나온 게 아니라 하느님에게서 나온 것입니다.

예수님께서는 거룩한 날인 안식일에, 거룩한 곳인 회당에서 가르치십니다. 예수님께서는 성경에서 가장 유명한 예언서의 한 구절, 바로 미래의 메시아와 관련된 구절을 읽으시며 이렇게 선포하십니다.

"오늘 이 성경 말씀이 너희가 듣는 가운데에서 이루어졌다."(루카 4,21)

예수님께서는 당신 자신을 지혜롭게 나타내 보이십니다. 옛날부터 예언자들의 책 속에 감춰져 온 역사의 신비를 당신 말씀으로 열어 보이시기 때문입니다. 예수님께서는 신비가 바로 여기에 있다고, 그 신비를 현실화하고 하늘 나라를 오게 하며 하느님의 계획을 펼쳐 보이는 주인공이 바로 당신 자신이라고 주장하십니다. 예수님께서는 지혜의 최고 행위를 펼쳐 보이시며, 하늘 나라의 신비를 드러내 보이십니다. 하느님의 신비 안에 계신 예수님께서는 지혜를 타고나셨습니다.

루카 복음서 본문에 비추어 볼 때, 예수님의 지혜는 하늘 나라의 신비에 대한 그분의 타고난 체험적 지식입니다. 그래서 예수님께서는 정확히 이렇게 주장하실 수 있는 것입니다.

"하늘 나라가 여기에 있으니 그게 곧 나다."

예수님의 지혜는 하느님의 구원 의지에 대한 체험적 지식입니다. 하느님께서는 예수님께 당신의 구원 의지를 선포하도록 허락하셨습니다. 예수님의 지혜는 삼위일체 안에 뿌리내린 하느님의 신비에 대한 지식입니다. 그분이 바로 삼위일체에 속하신 분이시니 그분만이 그 실제를 표현하실 수 있습니다.

달리 말하면 예수님의 지혜는 하느님의 신비 전체를 포용할 수 있는 그분의 능력입니다. 예수님께서는 하느님의 신비 안에 머무시면서 하느님의 완전하신 모습을 온전히 보고 계시는 분이기 때문입니다.

또한 예수님의 지혜는 역사의 신비 전체를 포용할 수

있는 능력입니다. 그분은 역사의 시초에 계셨고, 역사 위에 계시는 분이기 때문입니다.

예수님께서는 최고의 지혜이십니다. 그분 안에서 모든 것이 이루어지고, 모든 것이 완전함에 이르며, 모든 것이 정체를 환하게 드러내기 때문입니다.

또 다른 문헌이 하나 있습니다. 복음서는 아니지만 하느님의 신비 안에서 예수님의 중심적 역할을 선포하는 바오로 사도의 서간이 그것입니다.

"하느님의 뜻에 따라 그리스도 예수님의 사도가 된 바오로가 에페소에 있는 성도들과 그리스도 예수님 안에서 사는 신자들에게 인사합니다. 하느님 우리 아버지와 주 예수 그리스도에게서 은총과 평화가 여러분에게 내리기를 빕니다.

우리 주 예수 그리스도의 아버지 하느님께서 찬미 받으시기를 빕니다. 하느님께서는 그리스도 안에서 하늘의 온갖 영적인 복을 우리에게 내리셨습니다.

세상 창조 이전에 그리스도 안에서 우리를 선택하시어, 우리가 당신 앞에서 거룩하고 흠 없는 사람이 되게 해 주셨습니다. 사랑으로 예수 그리스도를 통하여 우리를 당신의 자녀로 삼으시기로 미리 정하셨습니다. 이는 하느님의 그 좋으신 뜻에 따라 이루어진 것입니다. 그리하여 사랑하시는 아드님 안에서 우리에게 베푸신 그 은총의 영광을 찬양하게 하셨습니다. 우리는 그리스도 안에서, 그리스도의 피를 통하여 속량을, 곧 죄의 용서를 받았습니다. 이는 하느님의 그 풍성한 은총에 따라 이루어진 것입니다.

하느님께서는 이 은총을 우리에게 넘치도록 베푸셨습니다. 당신의 지혜와 통찰력을 다하시어, 그리스도 안에서 미리 세우신 당신 선의에 따라 우리에게 당신 뜻의 신비를 알려 주셨습니다. 그것은 때가 차면 하늘과 땅에 있는 만물을 그리스도 안에서 그분을 머리로 하여 한데 모으는 계획입니다."(에페 1,1-10)

거듭 강조하지만 "그리스도 안에서", "아드님 안에서"와 같이 그리스도의 중심적 역할을 강조하는 진술에 주목합시다. 구체적으로 "그리스도 안에서 (하늘의 온갖 영적인) 복을 우리에게 내리셨습니다.", "그리스도 안에서 우리를 선택하시어", "사랑하시는 아드님 안에서 우리에게 베푸신 그 은총의 영광(을 찬양하게 하셨습니다)", "우리는 그리스도 안에서, (그리스도의 피를 통하여 속량을), 곧 죄의 용서를 받았습니다."라는 표현들이 그렇습니다.

바오로 사도는 이 훌륭한 찬가로 그리스도께서 하느님 계획의 중심에 자리하시면서 그 계획을 이루시고 그 계획을 모두 품고 계신다는 것을 가르쳐 줍니다. 예수님께서는 하느님과 똑같은 지혜이십니다. 그래서 하느님과 인간의 모든 신비를 알고 또 꿰뚫고 계십니다. 그렇기 때문에 바오로 사도는 찬가의 마지막에서 "영광의 아버지"께서 모든 그리스도인에게 "지혜와 계시의 영을 주시어 여러분이 예수 그리스도를 알게 되는" 선물을 베풀어 주시기를 간절히 기도합니다(에페 1,17 참조).

그리스도인의 지혜

모두 알다시피 그리스도인의 지혜는 예수님의 지혜에서 나오며, 따라서 예수님의 지혜에 참여하는 지혜입니다. 이 지혜는 매사를 예수님께서 보시는 것처럼 바라보고, 매사를 주님께서 하늘에서 주의 깊게 내려다보시는 것처럼 살피는 선물입니다. 그리고 만물의 관계를 삼위일체의 신비로 바라보는 선물입니다.

그 같은 선물을 다른 어떤 피조물보다 충만히 받았던 분은 바로 성모님이십니다. 성모님은 모든 인간 가운데 가장 지혜로우십니다. 마리아의 노래Magnificat를 천천히 낭송해 보면 성모님께서 하느님의 관점에서 어떻게 그 모든 흐름을 관상하시는지 알아차릴 수 있습니다. 성모님은 이렇게 노래하십니다.

**"내 영혼이 주님을 찬송하고
내 마음이 나의 구원자 하느님 안에서 기뻐 뛰니**

그분께서 당신 종의 비천함을

굽어보셨기 때문입니다.

이제부터 과연 모든 세대가 나를 행복하다 하리니

전능하신 분께서

나에게 큰일을 하셨기 때문입니다.

그분의 이름은 거룩하고

그분의 자비는 대대로

당신을 경외하는 이들에게 미칩니다.

그분께서는 당신 팔로 권능을 떨치시어

마음속 생각이 교만한 자들을 흩으셨습니다.

통치자들을 왕좌에서 끌어내리시고

비천한 이들을 들어 높이셨으며

굶주린 이들을 좋은 것으로 배불리시고

부유한 자들을 빈손으로 내치셨습니다.

당신의 자비를 기억하시어

당신 종 이스라엘을 거두어 주셨으니

우리 조상들에게 말씀하신 대로

그 자비가 아브라함과 그 후손에게
영원히 미칠 것입니다."(루카 1,46-55)

성모님은 하느님의 입장에서, 가난한 이들의 편에서 역사를 바라보십니다. 사람들 눈으로, 다시 말해 승리자의 편에서 바라보는 역사와는 완전히 다릅니다. 성모님의 지혜가 예수님의 지혜에 참여하듯이 그리스도인의 지혜도 그렇습니다.

십자가의 지혜

세 번째 단계는 십자가의 지혜입니다. 그리스도인과 함께하는 하느님의 지혜는 사실 십자가의 지혜입니다. 이 지혜는 하느님의 지혜와 그리스도인의 지혜를 능률, 결과, 성공, 재물, 권력에 기초한 세상의 모든 지혜와 명확하게 구분해 줍니다.

그리스도인은 예수님의 십자가를 관상할 때 하느님 나라가 비천함과 무의미함과 역경을 통해, 또 십자가와 죽음을 통해서도 온다는 것을 발견합니다. 이 발견은 참으로 가장 위대한 선물입니다. 성령의 선물 없이 십자가의 지혜를 실천하며 사는 것은 불가능합니다. 진실을 바라보는 행위는, 평가받고 성공하는 것만을 추구하는 평범한 세상의 비위를 상하게 만들기 때문입니다.

반대로 십자가에 달린 예수님의 얼굴 안에서 하느님의 신비를 깨닫는 것은 그리스도인의 지혜를 가졌다는 뜻입니다. 따라서 십자가를 이해하는 것은 생명을 이해하는 것이고, 인간 존재와 우리 자신을 이해하는 것입니다.

지혜의 선물

세례성사로 우리 각자가 부여받고, 영이 끊임없이 현실화해 주면서 우리 자신을 내적으로 움직이는 지혜의 선물은 무엇일까요?

지혜는 하느님의 눈으로, 그분의 시선으로, 하느님께서 모든 것을 하늘에서 굽어보시듯 바라보게 해 주는 선물입니다. 지혜는 십자가에 못 박히시고 부활하신 예수님께서 십자가 위에서, 그리고 부활의 영광에서 바라보시는 대로 사건과 상황들을 바라보게 해 주는 선물입니다. 위에서, 중심에서 모든 것을 바라보는 것입니다. 그것은 특별한 통찰이나 지적인 능력 때문이 아니라 신적 본능, 타고난 천성 때문에 가능한 것입니다.

토마스 아퀴나스 성인은 성령의 선물을 언급하면서 "신적 본성으로 말미암은 것으로"라는 표현을 자주 썼습니다. 이 말의 뜻이 무엇인지 살펴보도록 합시다. 이는 우리가 지금 우리 중심에 자리하신 예수님 안에, 모든 것 위에 계시는 하느님 안에 있다는 것입니다.

타고난 지식은 흔히 맛, 좋은 맛, 미각에 비유되며, '지혜'라고 불립니다. 우리는 결정과 선택이 하느님의 나라를 따른 것이냐 아니냐를 깨달을 때 그것을 체험합니다.

우리는 초자연적 본성으로도 그것을 깨닫습니다. 우리는 음식을 맛볼 때 추리와 사고, 소금이나 설탕에 대한 화학적 분석을 통해 달거나 짜다고 느끼는 것이 아니라 단맛과 짠맛과 미각 돌기의 조화를 통해 달거나 짜다고 느낍니다.

성령에 이끌린 그리스도인은 바로 그런 방식으로 어떤 것이 하느님의 계획에 따른 것인지 아닌지를, 복음에 순응하는 것인지 아닌지를 알아차립니다. 그리스도인은 이를 머리보다 마음으로 느끼며, 따라서 이 선물은 통찰보다 사랑, 애덕愛德에 더 긴밀하게 결합됩니다.

정리하자면 지혜란 하느님의 신비에 관한 사랑스럽고 맛깔스러운 직관, 즉 삼위일체의 신비와 십자가의 신비, 하늘 나라의 신비, 역사의 신비에 대한 사랑스럽고 맛깔스러운 직관입니다. 이와 같은 지혜는 다른 누구보다도 단순한 이들에게 주어집니다. 예수님께서는 이렇게 말씀하십니다.

"아버지, 하늘과 땅의 주님, 지혜롭다는 자들과 슬기롭다는 자들에게는 이것을 감추시고 철부지들에게는 드러내 보이시니, 아버지께 감사드립니다."(마태 11,25)

문득 이탈리아 파비아의 대학교수이자 밀라노 의회의 의원이었던 콘타르도 페리니Contardo Ferrini 복자가《종교단상Gli scritti religiosi》에 쓴 아름다운 문장이 떠오릅니다. 교양 있고 박식했던 그분은 산을 무척 좋아하셨지요.

"이따금 오랜 시간 산행을 하다가 피곤해지면 석양을 피해 전나무 그늘 밑에 앉아 알프스의 목동들과 산속 가난한 여인의 딸을 머리에 떠올리곤 했습니다! 그때마다 나는 놀랍기도 하고 혼란스럽기도 했지요. 하느님의 섭리가 지닌 의미는 얼마나 심오하고, 현세 사물들의 가치는 얼마나 보잘것없으며, 내적 평화와 순결한 생명이 지닌 환희는 얼마나 크던지요!"

단순한 사람들 안에 지혜의 선물이 있습니다. 환자와 노인들을 방문해서 그들과 대화를 나누다 보면 이따금 탄성이 터지곤 합니다. 하느님의 선물인 지혜가 얼마나 풍성한지요! 그 판단은 얼마나 공정한지요! 확실한 것의 가치와 그렇지 못한 것의 무가치를 어찌 그리 잘 파악하는지요!

그렇다고 제가 지혜의 선물은 오직 단순하고 비천한 이들에게만 있다고 말하려는 것은 아닙니다. 이 선물은 확실히 삶의 가장 일상적인 측면과 맞닿아 있습니다.

그러나 공경의 선물이 자녀로서 바치는 기도 안에서, 특히 장엄한 전례 기도를 통해 더 잘 표현되는 것처럼 지혜의 선물은 공공의 지혜 안에서, 공공질서를 다스리는 데에서, 즉 정치 안에서 더 잘 표현되는 것 같습니다.

정치는 지혜의 문제이지 권력이나 술수의 문제가 아닙니다. 그러므로 지혜는 보다 폭넓은 장에서, 공동선의 장에서 각각의 문제가 제자리를 찾게끔 이끌어 주는 선물입니다. 또 공공의 책임이 있는 사람에게 없어서는 안 될 필수적인 선물이지요.

종종 우리는 정치인들에 대해 탄식을 금치 못합니다. 그러나 우리는 그들을 위해 얼마나 기도합니까? 그들에게 지혜의 선물을 내려 달라고 하느님께 간절히 청한 적이 있습니까?

지혜의 적

성경은 지혜에 반하는 것을 무지無知, 어리석음, 우둔함 등으로 부르며, 지혜에 반하는 이러한 태도에 대해 자주 언급합니다. 그것은 본질적으로 하느님의 일에 대한 맛을 제대로 느끼지 못하는 것, 하느님의 의미를 제대로 느끼지 못하는 것, 신비의 의미를 제대로 느끼지 못하는 것, 하느님 섭리의 의미를 제대로 느끼지 못하는 것입니다. 이처럼 제대로 느낄 줄 모르는 부족함은 우리를 소경으로 만들고 길을 잃게 만듭니다. 이는 수많은 고뇌와 두려움과 정신적 혼란의 뿌리입니다.

성경에서 어리석음과 지혜의 부족함에 대해 언급하는 세 가지 예를 들어 보겠습니다.

루카 복음서 12장 16절 이하에서 예수님께서는 땅을 소유한 부자의 비유를 들려주십니다. 그 부자는 곡식과 재물을 모으기 위해 많은 소출을 거둔 뒤, 쉬면서 먹고 마시고 즐기기로 결심합니다. 그러나 하느님께서는 그에게 이렇게 말씀하십니다.

> "어리석은 자야, 오늘 밤에 네 목숨을 되찾아 갈 것이다. 그러면 네가 마련해 둔 것은 누구 차지가 되겠느냐?"(루카 12,20)

이 이야기는 하느님을 배제한 채, 죽음을 생각하지 못한 채, 생명의 짧음을 망각한 채 셈에 골몰한 사람의 이야기입니다. 그의 행동은 현재의 일에만 열중한 나머지 경솔하게 행동하는 세속적인 어리석음에서 나온 것입니다.

가장 어리석은 경우는 질책을 받습니다. 예수님께서는 엠마오로 가는 길에서 두 제자를 호되게 나무라십니다.

"아, 어리석은 자들아! 예언자들이 말한 모든 것을 믿는 데에 마음이 어찌 이리 굼뜨냐?"(루카 24,25)

이는 하느님께서 명료하지 않은 사건이나 예상과 다르게 벌어진 사건 안에 십자가 고난의 신비를 감춰 두고 계시다는 것을 이해하지 못하는 자의 어리석음입니다.

세 번째 예는 마태오 복음서 7장 25절에서 찾아볼 수 있습니다. 그 구절은 모래 위에 집을 지은 자, 산상 설교에서 표현된 복음적 삶의 질서를 알지 못하는 사람의 어리석음에 대해 말합니다. 그의 삶은 우둔하고 무지합니다. 예수님의 가르침을 실천하지 않기 때문입니다. 어리석은 사람의 무지는 파멸을 몰고 옵니다.

"비가 내려 강물이 밀려오고 바람이 불어 그 집에

들이쳤지만 무너지지 않았다. 반석 위에 세워졌기 때문이다. 그러나 나의 이 말을 듣고 실행하지 않는 자는 모두 자기 집을 모래 위에 지은 어리석은 사람과 같다."(마태 7,25-26)

한 개인을 넘어 본당 공동체나 모임, 운동 등이 모래 위에 세워진 누각과 같다면 그것은 모든 것에 커다란 해를 끼칠 수 있는 무지입니다. 마태오 복음서 18장에서 표현하는 것처럼 복음적 삶의 질서를 인식하지 못하면, 그 질서는 모래 위에 세워진 것이나 다름없습니다. 공동체의 질서는 작은 이를 자처하고, 첫째가는 자리를 탐하지 않고, 약한 이들을 존중하고, 형제들을 돌보고, 권위를 존중해 주고, 해를 입힌 자들을 용서하는 데에 있습니다. 이러한 복음적 가치들에 기초하지 않은 공동체에는 하느님의 지혜가 없습니다.

우리는 지금까지 예수님과 마리아와 그리스도인의 지혜가 무엇인지, 십자가의 지혜가 무엇인지, 그리고 지혜의 선물은 무엇이고 어리석음과 무지는 무엇인지 이해하려 했습니다.

무엇보다 우리를 이 길로 이끌어 주시고 우리 안에 지혜의 선물이 충만하기를 바라시는 하느님께 감사드리며, 우리가 그 선물로 가득 채워지기를 하느님께 간청하고 싶습니다.

여기서 중요한 점 하나를 짚어 둘까 합니다. 성령의 선물은 쉽게 감지되지 않는다는 것입니다. 자기 내면을 성찰하고 분석해야만 내 안에서 지혜를 발견할 수 있습니다. 그래도 이 선물을 실감하지는 못합니다. 우리는 나중에서야 이 본능적 선물이 나에게 있었음을 알아차리고 이렇게 말합니다.

"아, 주님께서 어려운 상황에서 잘 판단하도록 나를 도와주셨구나!"

아니면 이렇게 말합니다.

"저 사람은 정말 옳은 말을 하였구나!"

이처럼 우리는 한참 뒤에야 그 사실을 깨닫습니다.

이 선물을 가졌다고 떠들어 대는 사람은 자칫 선물을 변질시키거나 밍가뜨릴 위험이 있습니다. 반대로 단순한 마음으로 선물을 청하면서 신뢰로써 성령께 의탁하는 사람은 나중에, 아마도 양심 성찰이나 반성 중에 그 선물이 자기에게 있었음을 알아차릴 것입니다. 그 순간에 꼭 그것을 느낄 필요는 없습니다. 왜냐하면 성령께서 우리 안에서 활동하시기 위하여 반드시 우리에게 당신 자신을 알리실 필요는 없기 때문입니다.

고요 속에 머물며 성찰하기

1. 내 삶 속에서, 내 계획 안에서 하느님의 뜻은 어떤 위치를 차지합니까? 하느님께서 나를 위해, 내 삶을 위해, 역사를 위해 가지고 계시는 계획에 대해 가끔씩 더욱 깊이 반성해 봅니까? 내 삶에 용기를 북돋아 주는 희망을 가집니까, 아니면 소심하고 불안한 시각에 사로잡힙니까?

   지혜는 시야와 마음을 넓혀 줌으로써 우리 안에서 하느님의 계획이 갖는 역할을 인식하고, 지각하고, 깨닫도록 도와줍니다.

2. 내 삶에서 십자가의 지혜는 어떤 위치를 차지합니까? 나는 부정적인 사건들 속에서도 긍정적인 의미

를 찾습니까, 아니면 부정적 사건들이 나를 괴롭히고, 나를 압박하고, 나를 자극하고, 나 자신은 물론 다른 사람들까지 삶과 모든 것에 분노하게 만듭니까? 나는 십자가의 지혜를 체득합니까, 아니면 내 안에서 이루신, 또 십자가를 통해서도 이루신 하느님의 업적을 믿는 데 어리석고 마음이 굼뜹니까?

3. 나는 성경이라는, 특히 복음서라는 지혜의 빵을 먹습니까? 우리에게 그리스도의 의미를 전해 주고 그리스도의 신비를 마음에 새겨 주는, 그래서 본성적으로 우리를 지혜의 선물에 참여하게 해 주는, 성체성사라는 지혜의 빵을 먹습니까?

우리와 다른 모든 이를 위한, 교회와 온 인류를 위한 지혜의 선물을 간절히 청합시다.

3장

성령의 선물은
하느님에 대한 경외입니다

주님에 대한 경외는 우리를 압박하는 것이 아니라

마음을 넉넉하게 해 주고,

행복하게 해 주고,

기쁨과 환희를 가져다줍니다.

성령께 하느님에 대한 경외를 달라고 기원하며, 암브로시오 성인이 《창조의 6일 *I sei giorni della Creazione*》에서 말씀하신 그 성령께 기도합시다.

"성령은 물질과 땅에 있는 모든 것을 재로 만드시고, 진실하고 순수한 모든 것에 동의하시며, 당신의 불꽃이 닿는 모든 것을 낮게 만들어 주시는 불과 같습니다."

'하느님에 대한 경외'라는 세 번째 주제를 다루면서 '지혜'에 이어 '통찰'과 '의견'이 등장하는 성경의 전통적 순서

와는 잠시 거리를 둡시다. 우리가 선물의 목록을 나열하는 방식은 두 가지 이유에서 성경의 전통적 방법과 다릅니다.

첫째는 구조적 조화의 이유입니다. 성령의 선물을 향주덕(사랑, 희망, 믿음)과 결합하려 하기 때문입니다. 우리는 애덕을 완성하는 공경과 지혜로 시작하였습니다. 그리고 지금은 하느님에 대한 희망의 완성인 경외에 관해 성찰하고자 합니다. 그다음에 믿음과 결합된 의견과 지식의 선물에 관해 살펴보겠습니다.

이 이유 외에도 영신 수련과 관련하여 제가 '역동적'이라고 부르는 두 번째 이유가 있습니다. 영신 수련은 사실 여러 단계로 이루어진 여정입니다. 영신 수련은 일단 기도에 대한 호소로, 기도의 힘과 공경의 선물을 재발견하는 것에서 시작합니다. 그러면 우리는 창조와 속량이라는 하느님의 계획 앞에 서게 되고, 하느님의 계획을 이해하기 위해서는 지혜의 선물이 필요합니다. 우리는 하느님의 계획 앞에서 우리의 사악함과 죄를 깨닫게 됩니다.

그런 이유에서 세 번째로 다룰 주제는 경외입니다. 여기서 우리는 잘 사용하지 않는 언어와 마주하게 됩니다. '하느님에 대한 경외' 또는 '하느님에 대한 거룩한 경외'라는 표현입니다. 이 표현은 오늘날 자주 쓰는 언어와 거리가 있어 우리를 혼란스럽게 합니다. 그리스도교는 사랑의 종교입니다. 그런데 어떻게 성령의 선 가운데서 경외라는 말이 나올 수 있단 말입니까? 얼핏 생각하면 이 단어는 케케묵은, 시대에 뒤떨어진, 두려움과 협박에 기초한 교육 방법을 연상시킵니다. 도대체 사랑과 자비와 선이신 하느님을 우리가 어떻게 두려워할 수 있단 말입니까? 참으로 우리를 궁금하게 만드는 질문들이 아닐 수 없습니다.

'하느님에 대한 경외', '하느님을 두려워함'은 우리가 지혜에 대해 살펴본 것과 유사하게 구약 성경에서 가장 자주 반복되는 표현 중 하나입니다. 하느님에 대한 경외는 지혜와 긴밀하게 결합됩니다. 하느님을 두려워함은 성경 전체를 아우르는 종교심의 종합이며, 인간이 표현할 수 있는 가장 고귀한 태도입니다. 이에 관해 집회서의 구절을 인용하겠습니다.

"주님을 경외함은 영광과 자랑이요
즐거움과 환희의 화관이다.
주님을 경외함은 마음을 기쁘게 하고
즐거움과 기쁨과 장수를 허락한다.
주님을 경외함은 주님에게서 오는 선물이며
실제로 그분께서는 사랑으로 길을
바로잡아 주신다.
주님을 경외하는 이는 끝이 좋고
죽음의 날에 복을 받으리라.
지혜의 시작은 주님을 경외함이며
지혜는 믿는 이들과 함께 모태에서 창조되었다.
지혜는 사람들 가운데에 영원한 기초를 세우고
그들의 자손들과 함께 존속하리라.
지혜의 충만은 주님을 경외함이며

지혜는 제 열매로 사람들을 취하게 한다.

지혜는 그들의 온 집을 보물로 가득 채우고

제 수확으로 곳간을 채워 준다.

지혜의 화관은 주님을 경외함이며

지혜는 평화와 건강을 꽃피운다.

경외심과 지혜 둘 다 평화를 위해 주어진

하느님의 선물로서 그분을 사랑하는 이들에게

자랑거리를 더해 준다.

그분께서는 지혜를 알아보고 헤아리신다.

지혜는 슬기와 명철한 지식을

비처럼 쏟아붓고 자신을 붙드는 이들의

영광을 들어 높인다.

지혜의 뿌리는 주님을 경외함이며

지혜의 가지는 오래 삶이다."(집회 1,11-20)

이처럼 주님에 대한 경외는 우리를 압박하는 것이 아니라 마음을 넉넉하게 해 주고, 행복하게 해 주고, 기쁨과 환희를 가져다줍니다. 지혜의 시작, 지혜의 충만, 지혜의 화관, 지혜의 뿌리는 주님을 경외함입니다. 성경이 하느님을 두려워하는 이를 높이 기리는 것은 우연이 아닙니다. 이는 오늘날에도 매우 고상하고, 긍정적이고, 바람직하고, 고무적인 태도입니다.

이제 다음 세 단계를 통하여 하느님에 대한 경외의 선물이 무엇인지 알아봅시다. 첫째는 예수님께서 하느님에 대한 경외를 삶으로 보여 주신다는 것이고, 둘째는 예수님께서 경외심을 불러일으키신다는 것, 셋째는 그리스도인의 삶에서 경외는 곧 선물이라는 것입니다.

예수님께서는 하느님에 대한 경외를 보여 주신다

무엇보다 먼저 하느님에 대한 경외는 아버지와 아버지의 뜻을 깊이 존중하시는 예수님 안에서 나타난다는 점을 강조하고 싶습니다. 예수님의 이 같은 마음이 가장 잘

드러난 것이 아마 겟세마니에서의 기도이겠지요.

"아버지, 아버지께서 원하시면 이 잔을 저에게서 거두어 주십시오. 그러나 제 뜻이 아니라 아버지의 뜻이 이루어지게 하십시오."(루카 22,42)

복음서를 반복해서 읽는다면, 하느님 앞에 서신 예수님께서 사랑 가득하고 경건한 경외심을 보여 주는 대목들을 쉽게 발견할 수 있습니다.

예수님께서는 경외심을 불러일으키신다

저는 특히 예수님의 삶에 나타난 또 다른 측면, 우리를 대단히 곤란하게 만드는 측면에 관해 깊이 생각해 보고 싶습니다. 즉 그분의 가혹하고도 예리한 말씀, 그분의 위협이 경외심을 불러일으킨다는 사실입니다.

루카 복음서의 한 단락을 읽어 보겠습니다. 이 단락에는 예수님의 위협적인 말씀, 즉 "불행하여라."가 네 차례에 걸쳐 나옵니다. 그런데 우리는 이 단락이 네 가지 '참행복'에 뒤이어 나온다는 사실을 종종 잊어버립니다.

"불행하여라, 너희 부유한 사람들!
너희는 이미 위로를 받았다.
불행하여라, 너희 지금 배부른 사람들!
너희는 굶주리게 될 것이다.
불행하여라, 지금 웃는 사람들!
너희는 슬퍼하며 울게 될 것이다.
모든 사람이 너희를 좋게 말하면,
너희는 불행하다!
사실 그들의 조상들도 거짓 예언자들을
그렇게 대하였다.
불행하여라, 너 코라진아!
불행하여라, 너 벳사이다야!

너희에게 일어난 기적들이 티로와 시돈에서
일어났더라면, 그들은 벌써 자루옷을 입고
재를 뒤집어쓰고 앉아 회개하였을 것이다.
그러니 심판 때에 티로와 시돈이
너희보다 견디기 쉬울 것이다.
그리고 너 카파르나움아,
네가 하늘까지 오를 성싶으냐?
저승까지 떨어질 것이다."(루카 6,24-26; 10,13-15)

예수님의 이 말씀은 진실로 경외에 대한 가르침으로, 갈릴래아의 두 도시에 대한 저주는 두려움을 자아내게 합니다.

또 다른 복음적 맥락은 바리사이와 율법 교사들을 향해 "불행하여라."라고 경고하신 것입니다. 중대하기 짝이 없는 이 모든 말씀은 오늘날 교회나 사회에서 지식과 권력, 책임을 맡는 사람들에게 여전히 유효한 경고입니다.

"정녕 너희 바리사이들은 잔과 접시의 겉은 깨끗이 하지만, 너희의 속은 탐욕과 사악으로 가득하다. 어리석은 자들아, 겉을 만드신 분께서 속도 만들지 않으셨느냐? 속에 담긴 것으로 자선을 베풀어라. 그러면 모든 것이 깨끗해질 것이다.

불행하여라, 너희 바리사이들아! 너희가 박하와 운향과 모든 채소는 십일조를 내면서, 의로움과 하느님 사랑은 아랑곳하지 않기 때문이다. …… 불행하여라, 너희 바리사이들아! 너희가 회당에서는 윗자리를 좋아하고 장터에서는 인사받기를 좋아하기 때문이다. 너희는 불행하여라! 너희가 드러나지 않는 무덤과 같기 때문이다. ……

너희 율법 교사들도 불행하여라! 너희가 힘겨운 짐을 사람들에게 지워 놓고, 너희 자신들은 그 짐에 손가락 하나 대려고 하지 않기 때문이다. 너희는 불행하여라! 바로 너희 조상들이 죽인 예언자들의 무덤을 너희가 만들기 때문이다."(루카 11,39-47)

예수님께서 예루살렘을 향해 쏟아 내신 위협도 생각이 납니다. 그때 예수님께서는 거룩한 도시를 바라보시며 눈물을 흘리셨습니다.

"오늘 너도 평화를 가져다주는 것이 무엇인지 알았더라면……! 그러나 지금 네 눈에는 그것이 감추어져 있다. 그때가 너에게 닥쳐올 것이다. 그러면 너의 원수들이 네 둘레에 공격 축대를 쌓은 다음, 너를 에워싸고 사방에서 조여들 것이다. 그리하여 너와 네 안에 있는 자녀들을 땅바닥에 내동댕이치고, 네 안에 돌 하나도 다른 돌 위에 남아 있지 않게 만들어 버릴 것이다. 하느님께서 너를 찾아오신 때를 네가 알지 못하였기 때문이다."(루카 19,42-44)

우리는 이 모든 구절과, 다른 유사한 구절들에서 예수님께서 격렬한 표현을 사용하시는 데 거리낌이 없으셨고, 두려움과 경외심을 불러일으키는 데 주저하지 않으셨음을 짐작할 수 있습니다. 그렇다면 "왜?"라는 질문을 던질 수 있습니다. 예수님의 행동에는 두려움을 불러일으키려는 어떤 의도된 목적이 들어 있었던 게 아닐까요?

대답하기 쉽지 않은 질문입니다. 먼저 '참행복'에 바로 뒤이어 나오는, 앞서 인용한 구절부터 살펴볼까 합니다.

"불행하여라, 너희 부유한 사람들!
너희는 이미 위로를 받았다.
불행하여라, 너희 지금 배부른 사람들!
너희는 굶주리게 될 것이다.
불행하여라, 지금 웃는 사람들!
너희는 슬퍼하며 울게 될 것이다.
모든 사람이 너희를 좋게 말하면,
너희는 불행하다!
사실 그들의 조상들도 거짓 예언자들을
그렇게 대하였다."(루카 6,24-26)

당연히 반론이 따릅니다. 부를 소유하고, 배불리 먹고, 웃고, 평판 좋은 것이 나쁘단 말입니까? 예수님의 말씀을 주의 깊게 성찰해 보면, 그 안에는 도덕적 가르침에 따라 행해야 할 어떤 것도 들어 있지 않습니다. 예수님께서는 "불행하여라, 너희 음란한 사람들! 불행하여라, 너희 도둑질하는 사람들! 불행하여라, 너희 살인자들! 불행하여라, 너희 폭력을 휘두르는 사람들!"이라고 말씀하지 않으십니다. 그렇게 말씀하시면 그 뜻이 더욱 분명해질 텐데 말입니다. 예수님께서는 그보다 책임감과 양심의 의무를 가르치십니다. 그분의 가르침은 책임의 교육학입니다. 하늘 나라는 여기에 있고, 그분의 최고 가치들도 이 나라에 함께 있습니다. 하늘 나라는 곧 예수님이십니다. 그러므로 세상의 가치들을 최고인 것처럼 여기고 거기에 매달리는 사람은 불행합니다. 그런 가치들은 모두 사라지고 말 것이기 때문입니다.

그러므로 예수님의 가르침은 두려움의 교육학이 아닙니다. 예수님께서는 세상의 가치를 신뢰하는 사람, 하늘 나라의 우위성을 거부하는 사람은 단죄를 면치 못하고 홀로 구렁텅이를 파는 것이라고 가르치십니다.

여기에는 경외심을 불러일으키는 교육적 기능이 있습니다. 또 책임감을 북돋아 주고 복음의 진실함을 이해시켜 주는 기능이 있습니다. 인간 존재의 진실함의 의미, 자기 행위에 대한 책임의 의미, 약한 이들을 비롯한 타인에 대한 책임의 의미, 지구와 우주를 위한 책임의 의미를 깨닫게 해 주는 기능 말입니다.

하느님에 대한 경외의 선물

예수님의 교육학은 무척 중요하지만, 지금까지 살펴본 내용은 하느님에 대한 경외가 왜 긍정적 선물인지 충분히 설명해 주지 않습니다. 그래서 하느님에 대한 경외의 선물이 무엇인지 더 다양하게 제시하겠지만, 그 선물은 사실 그 이상의 것입니다.

확실히 경외의 선물은 삶의 진실성, 하늘 나라의 임박, 책임감 등과 단단히 결속해 있습니다. 그러면서도 아주 미묘하고 심오하고 치밀할 뿐 아니라 우리의 마음을 열고 우리의 영을 자유롭게 해 줄 수 있는 그 무엇입니다.

하느님에 대한 경외의 선물은 자신의 나약함을 자각하는 하느님에 대한 사랑입니다. 주님께 상처를 드리고 그분의 애정을 잃어버릴 수도 있음을 자각하는 하느님에 대한 사랑입니다. 하느님에 대한 경외는 모든 면에서 우리를 넘어서는, 우리에게 끊임없이 선물로 주어지기에 우리가 소유할 수 없고 통제할 수도 없는 신비 자체이신 분을 지극히 존중하는 자세입니다. 우리는 그분을 거부할 수도 있고, 잃어버릴 수도 있으며, 무시할 수도 있습니다. 하느님에 대한 경외는 법에 대한 단순한 순종으로서의 도덕적 행동이 아니라 사람과의 관계에서 이루어지는 도덕적 행동을 뜻합니다. 하느님 아버지와의, 주님이신 예수님과의 인격적 관계입니다. 따라서 하느님에 대한 경외는 신중함을 동반한 도덕적 행위, 존경, 성실, 타인에 대한 애정을 실천하게 해 줍니다. 하느님에 대한 경외는 우리의 아버지이시며 주님이신 하느님과의 새로운 관계를 요구합니다.

하느님에 대한 경외는 하느님께서 당신 자신의 상냥함으로 매력을 발산하시는 '매혹적 신비Mysterium fascinans'이심을 자각하는 것입니다. 동시에 하느님께서는 '두려운 신비Mysterium tremendum'이시며, '두려운 신비'이시기에 함부로 어울릴 수 없는 분이심을 자각하는 것입니다. 하느님께서는 우리에게 당신이 누구신지를 심오하고 진실하게 설명해 주십니다. 그분은 온전하면서도 까다로운 사랑, 계약과 선물의 인격적 관계를 맺는 분이시기 때문입니다.

신적 '신비'는 진부한 것이 될 수 없습니다. 이런 의미에서 하느님에 대한 경외는 성숙함, 높은 도덕성, 생활화된 책임감, 진정한 신앙심의 표시입니다. 실제로 하느님에 대한 경외는 우리가 피상적으로, 조급하게 기도하고 성사를 받는 그런 평범한 일상을 극복하게 해 주는 마음

가짐이자 자세입니다. 정화의 선물이지요. 하느님께서는 어둠과 영의 밤을 통해 우리에게 시련을 안겨 주십니다. 이 같은 경외의 선물이 발전할 수 있도록 말이지요.

교회 박사이며 위대한 신비가인 십자가의 요한 성인은 영의 정화에 대해 이렇게 말합니다.

"영은 하느님과의 관계 안에서 지극히 높으신 분을 모실 때 항상 그래야 하는 것처럼, 자기 안에서 커다란 정성과 존경이 우러남을 느낍니다."(십자가의 요한 성인, 《어둔 밤Notte》, I, 12, 3).

저는 영의 정화가 하느님에 대한 경외의 선물이 어떤 것인가를 보여 주는 하나의 본보기라고 생각합니다.

얼마 전 크리스티나라는 여인의 일기를 받았습니다. 이 여인은 2년 전에 결혼했지만 악성 종양 때문에 26세의 나이로 숨을 거뒀습니다. 그녀의 일기에는 자신이 치유되리라는, 살아나리라는, 아기를 갖고 싶다는 뜨거운

열망이 담겼습니다. 그러면서도 온전한 마음으로 성령께 사랑과 믿음과 희망 그리고 하느님에 대한 경외의 길로 이끌어 주시기를 청하는 모습 또한 고스란히 담겨 있었습니다. 참으로 놀라운 일이었습니다.

이는 성령에 대한 특별한 증거였습니다. 크리스티나가 임종 며칠 전에 쓴 글을 함께 봅시다.

"마음이 아주 평온합니다. 하느님의 숨결이 내 위에서 스쳐 지나감을 느낍니다. 나를 도와주시려 애쓰지만 전혀 그러실 수가 없습니다. 내 영혼이 아직 순수하지 못하기 때문입니다. 그분은 순수한 영혼 안에서 비로소 자유롭게 당신의 뜻을 펼쳐 보이십니다. 그분께서 원하시는 것, 그분께서 나를 위해 마련하신 것을 행하고픈 것 외에 다른 바람은 없습니다. 오직 그분의 뜻만을 바랄 뿐입니다."

이것이 바로 하느님에 대한 경외의 선물입니다. 자신

의 부족함에 대한 두려움이자 하느님의 그 크신 사랑에 미치지 못한에 대한 두려움입니다. 동시에 하느님에 대한 강한 바람입니다. 일기는 이렇게 덧붙입니다.

"그토록 큰 사랑, 즐거움, 자비에 나는 어린아이처럼 기뻐하며 놀랍니다. 하늘의 아버지와 같은 사랑 자체이신 분을 뵙는다는 것은 참으로 행운이라고 생각합니다. 무한한 그분의 불꽃이 나를 덮쳐 내 안에 충만할 때, 어떤 말로도 형용하기 힘든 강한 감동이 밀려듭니다."

끝으로 하느님에 대한 경외와 상반되는 태도로는 천박함, 경솔함, 그리고 기도와 삶의 소홀함을 들고 싶습니다.

고요 속에 머물며 성찰하기

1. 나는 기도를 어떻게 시작합니까? 삶의 중요한 순간들을 어떻게 시작합니까? 삶 속에서 의미 있는 만남을 만들어 갑니까? 되는 대로, 달려가는 버스에 올라타듯이, 항상 그렇게 정신없이 살지는 않습니까? 아니면 기도하기 전에 이제 곧 내가 하고자 하는 일이 어떤 일들인지 생각해 볼 시간을 갖습니까? 아니면 생각한 것을 말로 꺼내기 전에, 중요한 만남이나 의미 있는 일을 시작하기 전에 차분히 집중할 시간을 갖습니까?

   하느님에 대한 경외는 하느님과 사물과 인간의 신비에 관한 가르침입니다. 하느님에 대한 경외는 결코 진부하지 않습니다. 일찌감치, 피상적으로, 경솔하게 완성되지도 않습니다. 모든 것이 불시에 들이닥친다고 해서, 힘겨운 일들이 꼬리에 꼬리를 물고 끝없이 이어진다고 해서, 기도와 성체성사를 비롯한 성사들을 통해 힘을 얻지 못한다고 해서, 사람들과의 만남이 피곤하고 힘들게 할 뿐이라고 해서 실망해서는 안 됩니다. 아무 생각 없이 아무렇게나 치르는 전례는 우리에게 나쁜 영향을 끼치기 마련입니다. 그런 태도는 우리에게 하느님에 대한 경외가 부족하다는 것을 알려 주는 표지가 됩니다. 그러므로 첫 번째 질문은 우리 일상의 시작에 관한 것입니다.

2. 나는 언제 후회합니까? 왜 후회합니까? 내가 일관성 없이 지리멸렬하거나 초라한 모습을 보여 주었기 때문입니까? 아니면 나를 기다리시는 하느님의 마음을 배반하였기 때문입니까?

우리는 살면서 후회를 느낄 때마다 삶 속에서 사랑

의 빈 공간을 발견합니다. 성령은 우리를 노예와 같은 굴종적이고 타산적인 경외에서 자녀답고 겸손한 경외로 나아가게 합니다. 또한 아버지께서 용서해 주시리라는 확신에 힘입어 우리 마음에 평화를 가져다주는 경외로 나아가게 합니다.

3. 나는 이웃에 대해, 특히 약한 이들에 대해 어떤 책임감을 갖습니까? 자연과 환경에 대해서는 또 어떤 책임감을 갖습니까?

모든 것은 존중받아 마땅한, 따라서 경의를 표해 마땅한 하느님의 모습을 담습니다. 하느님의 모습은 특히 가난하고 고통받는 이들, 노인들, 소외된 이들, 온갖 역경 속에 처한 모든 사람 안에 있습니다. 약한 이들에 대해 가져야 할 책임감은 콜카타의 마더 데레사 성녀가 우리에게 남겨 준 위대한 선물입니다. 가난한 이들, 죽어 가는 사람들, 상처 입은 사람들에 대한 존경은 하느님에 대한 경외의 표지입니다. 그렇다면 나는 약한 이들과 맺는 연대 의식을, 이웃을 존중하는 마음을 구체적으로 어떻게 표현합니까?

결론적으로 하느님에 대한 경외는 쓸모없는 과거의 유물이 결코 아닙니다. 이는 선한 생활을 보증하면서 의롭고 형제적인 사회를 담보하는 주춧돌과 같습니다. 하느님에 대한 경외는 각각의 사람과 인류의 미래를 지켜 줄 안전장치입니다. 우리가 하느님의 신비에 가까이 있다는 표시이지요.

4장

성령의 선물은 의견과 지식입니다

의견의 선물은

빛과 평화를 발견하고

용기 있게 확실한 결정을 내리는 길을 알려 줍니다.

지금까지 우리의 묵상은 예수님의 삶 안에서 나타나는 성령의 선물들을 보여 주기 위해 루카 복음서가 전하는 몇 가지 이야기에 집중해 왔습니다.

제일 먼저 예수님 안에서 공경의 선물을 찾아보기 위해 예수님의 세례 장면을 관상하였습니다(루카 3장 참조). 다음으로 지혜의 선물이 무엇인지 이해하기 위해 나자렛에서 공생활의 시작을 알리는 예수님의 설교를 살펴보았습니다(루카 4장 참조). 그리고 하느님에 대한 경외의 선물을 성찰하기 위해 예수님께서 루카 복음서의 여러 구절을 통해 선언하신 위협적 언사를 돌아보았습니다(루카 6장, 10장, 11장, 19장 참조).

이번에는 의견의 선물에 대해 다루려 합니다. 이를 위해 다시 한번 루카 복음서 6장에서 출발하도록 하겠습니다. 그 뒤에 지식의 선물을 다루겠습니다.

예수님 안에 나타나는 의견의 선물

"다른 안식일에 예수님께서 회당에 들어가 가르치셨는데, 그곳에 오른손이 오그라든 사람이 있었다. 율법 학자들과 바리사이들은 예수님을 고발할 구실을 찾으려고, 그분께서 안식일에 병을 고쳐 주시는지 지켜보고 있었다. 예수님께서 그들의 생각을 아시고 손이 오그라든 사람에게, '일어나 가운데에 서라.' 하고 이르셨다. 그가 일어나 서자 예수님께서 그들에게 말씀하셨다. '내가 너희에게 묻겠다. 안식일에 좋은 일을 하는 것이 합당하냐? 남을 해치는 일을 하는 것이 합당하냐? 목숨을 구하는 것이 합당하냐? 죽이는 것이 합당하냐?' 그리고 나서 그들을 모두 둘러보시고는 그 사람에게, '손을 뻗어라.' 하고 말씀하셨다. 그가 그렇게 하자 그 손이 다시 성하여졌다."(루카 6,6-10)

이 단락의 핵심은 마지막 문장에 나타난 치유가 아니라 식별, 즉 여러 해석의 갈등과 충돌입니다. 한편에는 회당 안에 손이 오그라든 사람과 그를 치유할 권능을 가지신 예수님께서 계시고, 다른 한편에는 거룩한 안식일에 일체의 행위를 금지하는 율법이 있습니다. 율법을 지키는 것도 잘하는 일이고, 인간의 궁박한 처지를 구제해 주는 것도 잘하는 일입니다. 율법도 선하고 환자를 향한 측은지심惻隱之心도 선합니다.

의무 간의 갈등과 충돌은 예부터 빈번하였고, 특히 현대 사회에서는 더욱 그러합니다. 여기에서 윤리의 중요한 점에 대해 잠깐 살펴봅시다. 윤리는 단순히 선을 행하고 악을 피하라는 식으로 이루어지지 않습니다. 만약 그

렇다면 모든 것이 훨씬 쉬웠을 것입니다. 문제는 훨씬 더 복잡합니다. 예를 들면 이런 의문, 즉 "이런 중차대한 상황에서, 대체 무엇이 진정 선이고 무엇이 진정 악이란 말인가?"라는 의문이 생기기 때문입니다.

더구나 대비되는 두 개의 선 가운데 하나를 배제해야 하는 경우라면, 과연 무엇을 선택해야 할까요? 더 큰 선을 위해 유일하게 선택할 수 있는 것이 작은 악일 때 어떻게 처신해야 할까요? 하나의 율법에 대한 두 가지 해석 중 무엇이 더 참된 해석인지 어떻게 식별해야 할까요? 또한 삶의 복잡다단함이나 다양한 견해의 엇갈림, 문화 및 윤리들의 충돌, 종교 간 대립 등은 어떻게 해결해야 할까요?

이 모든 것이 온갖 의심과 정신적 혼란, 불안, 행동을 가로막는 장벽, 추악한 양심, 유행하는 견해만 따르려는 비겁함 등을 불러일으킵니다. 그러나 예수님께서는 자유롭고 솔직하고 단호하게 이 갈등과 충돌을 극복하십니다. 치유되어야 할 사람을 위한 당신의 선택이 앞으로 어떤 대가를 치를지, 어떤 희생을 치러야 하는지 알고 계시면서도 말입니다. 그분은 의견의 영과 다음에 우리가 다루게 될 용기의 영을 모두 갖고 계십니다.

우리는 지금 여러 해석의 갈등과 충돌을 과감하게 정리하시는 예수님을, 갖가지 반대 의견 속에서도 스스럼없이 행동하시며 다음과 같은 간단한 몇 마디 말로써 합당한 결정의 논거를 끌어내시는 예수님을 관상하도록 초대받았습니다.

"안식일에 좋은 일을 하는 것이 합당하냐? 남을 해치는 일을 하는 것이 합당하냐?"(마르 3,4)

예수님께서는 본질에 호소하시며, 복잡하게 생각하느라 눈뜬장님이 되는 일은 없어야 함을 통렬하게 지적하십니다. 이것이 바로 의견의 선물, 즉 삶의 윤리적 복합성 안에서 방향을 설정할 줄 아는 행위입니다. 도마스 아퀴나스 성인은 "의견의 선물이란 믿음에 따라 행동하라는 호소"라고 하였습니다. 그리고 이렇게 덧붙였습니다.

"하느님의 자녀들은 의견의 선물을 갖습니다. 왜냐하면 그들의 이성은 완수해야 할 행동에 관해 성령으로부터 교육을 받기 때문입니다."

그리스도인 안에 나타나는 의견의 선물

의견의 선물은 특히 두 가지 이유에서 그리스도인에게 몹시 필요합니다.

앞서 인간적 상황이 종종 혼란스럽고, 선과 악이 뒤섞이며, 모든 것은 상이한 평가를 이끌어 내는 다양한 관점에서 이해된다는 점을 강조하였습니다. 바로 이것이 그리스도인에게 내적인 민첩성이 필요한 이유이자 하느님의 자녀로서 누려야 할 자유가 필요한 이유입니다. 우리가 하느님의 자녀로서 누리는 자유는 일종의 미적 감각처럼 아버지의 뜻에, 곧 하느님의 원의에 부응하는 것이 무엇인지를 직감하도록 도와줍니다.

하느님의 뜻을 찾을 기회는 개인 생활 안에, 부부 생활 안에, 공동체 생활 안에 이미 많이 드러나 있습니다. 물론 공공 생활과 정치 생활에도 있습니다.

예를 들면, 다수의 동의를 고려해야 하는 법률과 윤리 수호를 어떻게 한데 놓겠습니까? 법이 악을 장려하지 않는 동시에 자유를 앗아가지도 않는 것이 우리 일상에서도 실제로 가능한 일일까요? 입법자들에게 결혼, 이혼, 낙태, 동성同性 부부, 가족의 올바른 개념, 마약 퇴치, 복지와 경제적 양극성 간의 딜레마 등에 관한 규범은 대단히 어려운 선택의 문제입니다. 공동선과 관련된 법적 규정에서 '찬성'과 '반대'를 선택하기란 또 얼마나 어려운 일인지요!

의견의 선물이 필요한 두 번째 이유는 이렇습니다. 우리는 종종 복합적이라는 이유 때문에 어떤 중대한 선택 앞에서 불안해하고 의심에 젖어 고뇌합니다.

의견의 선물은 영원의 빛으로, 좋으신 아버지 하느님

의 원의 안에서 모든 것을 살피도록 해 줍니다. 그렇게 해서 고뇌를 달래 주고, 마음의 평화를 다시 가져다주며, 행동의 동기를 명쾌하게 설명해 줍니다. 토마스 아퀴나스 성인은 다음과 같은 함축적이고 의미심장한 문장을 썼습니다. 행동을 하다 보면 의견의 선물 덕분에 "의심에 젖은 근심 걱정이 해소된다sedatur anxietas dubitationis."라는 것입니다. 즉 다른 어떤 결정적 선택 없이 계속해서 되풀이되는 의심의 고민이 해소되고, 잦아들고, 진정된다는 말입니다.

저는 청소년기와 젊은 시절에 어떤 공부를 시작해야 할지, 어떤 삶을 바라보고 나아가야 할지, 실존적 삶을 함께 나눌 사람은 누구인지 등과 같은 삶의 중요한 선택들 앞에서 이런 의심과 수없이 마주쳤습니다.

물론 의견의 선물이 마법의 지팡이는 아닙니다. 그러나 헛된 기대로 시간을 낭비하는 법 없이, 빛과 평화를 발견하고 용기 있게 확실한 결정을 내리는 길을 알려 줍니다. 무엇을 할지 몰라서, 누군가가 나중에 말해 줄 거라는 착각에 빠져 당장 판단하지 않고 결정을 자꾸 미루면 의견의 선물이 부족하다는 것입니다.

여러분은 제가 성소 모임에서 1,000명이 넘는 젊은이와 청소년들을 만난 사실을 아실 겁니다. 저는 그들에게 각자의 선택을 명확하게 하기 위한 과정으로 '식별의 해'라는 시간을 가지자고 제안했습니다. 그리고 이 한 해 동안 기도 및 성찰과 함께 지켜야 할 두 가지 규칙을 요청하였습니다. 한 해 동안 텔레비전을 보지 말고, 미래에 대한 온갖 불안과 고민에서 떨어져 나오자고 말이지요. 그러자 모두 입을 모아 첫 번째 규칙은 비교적 쉽고, 두 번째 규칙은 매우 어렵다고 했습니다. 아무런 고민이나 주저 없이 당연히 해야 할 자신의 의무를 기꺼이 행하는 것은 성령의 선물이며, 그것은 신뢰와 인내로써 구해야 하는 것입니다.

바로 이 점에 대해 질문을 던져볼 수 있습니다. 의견의 선물을 받을 준비를 하도록 도와주는 규칙들이 있을까?

영적 전통은 이른바 영의 식별 규칙을 발전시켰습니

다. 이 규칙은 지금도 유효합니다. 비록 이 규칙을 발전시길 시간을 갖진 못했지만, 저는 적어도 단순하지만 쉽게 예상할 수 없는 근본 원리, 즉 기쁨의 우선성을 강조하고 싶습니다.

성령께서는 기쁨을 주십니다. 따라서 기쁨과 심적 외로움을 구별하고, 표면적인 만족과 깊이 있는 기쁨의 차이 그리고 참된 즐거움과 그 특징의 차이를 평가하는 법을 배워야 합니다. 그것이 기쁨의 원칙이라는 점이 중요합니다. 왜냐하면 의견의 선물과 더불어 우리 안으로 들어오는 영의 행위는 우리가 참된 기쁨을 향해, 평온을 향해, 진실한 열정을 향해 그리고 용기 있고 투명한 행동을 향해 나아가게 해 주기 때문입니다.

이것이 의견의 선물의 아름다움입니다. 의견의 선물은 인간성을 강하게, 고요하게, 자신 있게 만들어 줍니다. 동시에 악한 영의 행위는 우리를 쓸쓸함으로, 우리 자신에 대한 굴절로, 정신을 차단하는 혼란으로, 언제나 같은 문제에 매달리게 함으로써 결정을 가로막거나 방해하는 고민으로 내몹니다.

지식의 선물

지식의 선물은 의견의 선물이 그런 것처럼 신덕信德과 결속된 또 다른 선물입니다. 지식의 선물은 우리가 이 세상의 힘겨운 상황들 안에서 믿음을 가지고 살도록, 자유롭고 기쁘고 민첩하게 믿음을 고백하도록 도와줍니다.

오늘날 학문의 지식scienza은 존중받아 마땅합니다. 그래서 '학문의 판단'이라고 말할 때 우리는 그것을 최종적인 판단, 확정적인 그 무엇을 말하는 것으로 알아듣습니다. 학자를 시대의 예언자로 여기는 우리는 수많은 의학적·경제적·사회적 문제와 관련해 학문에서 얻은 지식을 마치 구원의 수단처럼 여깁니다.

그러나 성경에서 말하는 '지식'의 의미는 다릅니다. 영신 수련을 시작하면서 맨 처음 인용한 이사야서 11장 2절

에 나오는 "지식의 영과 주님을 경외함"은 무엇보다 하느님에 대한 앎conoscenza과 관련이 있습니다. 미래의 메시아는 성경에서 자주 언급하는 바와 같이 주님을 알아봅니다.

"너희는 알아라, 주님께서 하느님이심을." (시편 100,3)

"바다를 덮는 물처럼 땅이 주님을 앎으로 가득할 것이기 때문이다." (이사 11,9)

"정녕 내가 바라는 것은 희생 제물이 아니라 신의다. 번제물이 아니라 하느님을 아는 예지다." (호세 6,6)

성령의 선물인 지식은 하느님에 대해 알고, 하느님과의 관계 안에서 창조된 만물을 아는 것입니다.

그러므로 지식이라는 영적 선물을 일컬어 세상 만물을 하느님과 연관시키는 능력이라고 말하는 것은 무엇보다 이런 의미에서입니다. 다시 말해 그것은 모든 피조물이 창조주이신 하느님과 어떤 관계를 맺는지를 이해하게 해 주는 것입니다.

지식의 선물은 너무나 중요하기 때문에 저의 사목 교서 〈영의 세 가지 이야기〉에서 사용한 말을 되풀이하고 싶습니다.

지식의 선물 덕분에 역사와 믿음의 위대한 신학적 체계가 태어났고, 그리스도교 사상은 더욱 다양한 문화적·윤리적 문제와 도전에 맞서 궁극적 의미와 시급한 차선책의 연구에 이바지할 수 있습니다. 따라서 지식의 선물은 대단히 큰 문화적·윤리적·사회적 중요성을 가집니다. 지식의 선물 덕분에 어디서나, 심지어 계시된 진리의 빛을 노골적으로 차단하는 폐쇄적 상황에서도 현존하는 시대의 징표와 복음의 누룩을 깨달을 수 있습니다. 지식 덕분에 특정 공동체의 구체적인 필요를 이해하고,

이를 충족시킬 적절한 사목 계획을 수립할 수 있습니다.

그러나 우리는 이것을 학자에게 유보된 선물이라고 생각해서는 안 됩니다. 아무리 이 선물이 그들에게 필요한 것이라 할지라도 말입니다. 이는 모든 신자가 세례 때 받은 선물이며, 다른 선물과 마찬가지로 종종 보다 겸손한 사람에게서 발견됩니다.

가장 인상적인 예는 요한 마리아 비안네 성인일 것입니다. 그는 19세기 프랑스 리옹 인근의 아르스라는 작은 마을에 있는 성당의 주임 신부였습니다. 학식이 뛰어나지도 않았고 지적이지도 않았지만 프랑스 전역을 매료시켰고, 하느님의 신비를 지극히 단순하고 심오하게 설명할 줄 알았습니다. 그는 사람들이 무엇을 필요로 하는지 속속들이 알았고, 사람들의 마음을 잘 읽고 헤아렸습니다. 그가 지식의 선물에 관해 남긴 문장 하나를 인용해 보겠습니다.

"성령께서 이끄시는 그리스도인은 어려운 일을 행

할 줄 압니다. 세상의 눈은 성당 문이 닫혔을 때 내가 더 이상 이 벽 너머를 보시 못하는 깃처럼 생명을 보지 못합니다. 그러나 그리스도인의 눈은 영원의 심연까지 바라봅니다."

지식의 선물은 가르멜회 수녀인 아기 예수의 데레사 성녀에게서 아주 특별하게 나타났습니다. 아기 예수의 데레사 성녀는 1997년 10월 19일 전교 주일에 요한 바오로 2세 교황에게 '교회 박사', 즉 하느님에 관한 학문의 '학자', 하느님의 일에 정통한 사람이자 참된 스승이라고 선포되었습니다.

아기 예수의 데레사 성녀는 1896년 신앙의 어둠 속으로, 즉 '영의 어둔 밤' 속으로 떨어졌을 당시 이런 글을 썼습니다.

"제가 위로를 잔뜩 받으리라 생각하지 마세요. 결코 그렇지 않습니다! 세상에서 그런 위로를 받지 않는 것이 저에게는 오히려 위로입니다. 예수님께서는 당신 모습을 드러내심 없이, 당신 목소리도 들려주시는 일 없이, 아주 비밀리에 저를 가르치십니다. 책으로 가르치시는 일은 없습니다. 저는 책을 읽어도 이해하지 못하니까요. 그러나 때로는 제가 (침묵과 무감각 속에 머문 뒤) 기도 끝에 찾아낸 이 말씀이 저를 위로해 줍니다. '내가 네게 주는 스승이 여기 있으니, 네가 해야 할 일을 모두 가르쳐 줄 것이다. 나는 사랑의 지식이 들어 있는 생명의 책을 네게 읽히고 싶다.'"

그리고 성인은 이렇게 탄성을 내지릅니다.

"사랑의 지식, 아! 그렇습니다. 이 말씀이 제 영혼에 감미롭게 울려 퍼지니, 저는 오로지 이 지식만을 애타게 갈망합니다. 이 지식을 위해서라면, 저는 제 모든 것을 다 바치고서도 마치 아가에 나오는 신부와 같이 아무것도 바친 게 없는 것처럼 여겨집니다."(《자

서전 B》, 성심의 마리아 수녀에게 보낸 편지, 241항)

  우리는 사랑의 지식과 의견의 선물을 탐구하라는 초대를 받았습니다.

고요 속에 머물며 성찰하기

1. 의견의 선물은 내적 즐거움, 기쁨과 결합됩니다. 무엇이 내 삶에 심오한 영적 기쁨을 가져다줍니까? 마음의 기쁨이라는 말을 들을 때면 무슨 생각이 떠오릅니까? 어떤 순간, 어떤 꿈이 내 머릿속에 떠오릅니까?

   이 질문에 대답할 수 있을 때 우리는 자기 자신에 대해 알게 되고, 우리의 기쁨이 곧 성령의 기쁨이라는 사실을 배우게 됩니다. 성령께서는 우리를 선한 활동으로 이끄시고, 우리의 행동에 평안과 확신과 안정을 가져다주십니다.

2. 저는 의견의 선물과 현세의 복합성, 즉 윤리적·법

적·사회적·문화적 복합성 사이의 관계를 강조하였습니다. 이 복합성을 마주 대할 때마다 소스라치게 놀라며 불안해합니까? 혹 다른 세상을 꿈꾸면서 불평이나 비난을 일삼지는 않습니까? 아니면 성령의 도움으로 선을 식별하여 하느님께 감사드리며, 그 선을 받아들이고 촉진하려 합니까?

의견의 선물은 선을 찾도록 재촉합니다. 그리스도께서 우리 가운데 부활하시고 사시며, 우리에게 선을 제안하시고 옹호하시고 장려하시기 때문입니다.

3. 하느님의 지식이 또한 사람의 지식이라는 것과, 우리가 당연히 알고 알려야 할 복음적 지식이 우리 삶 속에 존재한다는 것을 염두에 두면서 이런 질문을 던져 봅니다. 나는 인간의 참된 지식에서, 복음에 나와 있는 지식에서 가야 할 길을 제시받습니까? 나는 원수를 위해 기도하고, 얻기 위해 잃을 줄 알고,

벌어들이기보다 내주고, 눈앞의 이익보다 무욕無慾을 원하는 태도에 합당한 가치를 부여하고 거기에서 가야 할 길을 제시받습니까?

이것이 바로 참된 인간의 학문, 복음적 인간학입니다. 성령께서 우리 믿는 이들을 영 안에, 신적 부자 관계 안에 살게 하는 것이 복음의 지식입니다. 그리고 믿음과 희망으로 미래를 바라보는 가운데 영원의 확신 안에 사는 새 사람, 새 피조물로 거듭나게 하시고자 우리와 통교하시는 것이 곧 복음이란 지식의 모든 것입니다.

성령의 모든 선물에 깃든 풍요로움이 우리에게 내리도록 함께 기도합시다.

5장

성령의 선물은
통찰과 용기입니다

♦

용기는 온갖 모순과 위험 속에서도

우리에게 믿음을 고백할

힘을 줍니다.

통찰은 모든 이가 갖기를 원하는, 또 누구나 다른 사람보다 더 많이 갖기를 바라는 선물입니다. 그것에 대해 관심 없다고 말할 수 있는 사람은 아무도 없을 것입니다. 통찰은 인위적으로 만들어서라도 누구나 갖고 싶어 하는 그런 선물입니다.

성령의 일곱 가지 선물의 목록을 나열해 놓고 통찰, 즉 직관의 선물에 대해 언급할 때면 무슨 생각이 드나요?

우리는 용기의 선물에 대해서도 함께 알아볼 것입니다. 먼저 '힘'이라는 말은 지금도 널리 쓰이며, 무엇보다 육체적 힘 또는 육체적 강건함이라는 뜻으로 쓰입니다. 흔히 사람들은 건강을 결코 포기할 수 없는 절대적 가치라고, 바람직한 가치라고 말합니다. 그리고 건강을 육체적 능력이 지닌 기품, 즉 체력이라고 말하기도 합니다. 정치력, 군사력, 투쟁력이라고 말할 때도 같은 단어를 사용합니다. 그런데 도덕적 힘, 영혼의 힘에 대해서는 그렇게 말하지 않습니다. 오늘날 그런 말은 드물고, 사용되더라도 순응주의의 뜻을 가진 것으로 여겨질 때가 많습니다.

통찰은 바로 영혼의 힘, 성령의 선물입니다. 이제 통찰의 선물이 예수님 안에 어떻게 나타나며, 그리스도인에게 어떻게 주어졌는지 알아보려 합니다.

예수님과 그리스도인 안에 나타나는 통찰의 선물

루카 복음서의 두 단락을 읽어 보겠습니다.

"예수님께서는 이어서 '사람의 아들은 반드시 많은 고난을 겪고 원로들과 수석 사제들과 율법 학자들에게 배척을 받아 죽임을 당하였다가 사흘 만에 되살아나야 한다.' 하고 이르셨다. 예수님께서 모든 사람에게 말씀하셨다. '누구든지 내 뒤를 따라오려면, 자신을 버리고 날마다 제 십자가를 지고 나를 따라야 한다.'"(루카 9,22-23)

수난에 대한 첫 번째 설교에 이어 다음과 같은 두 번째 설교가 나옵니다.

"사람들이 다 예수님께서 하신 모든 일을 보고 놀라워하는데, 예수님께서 제자들에게 이르셨다. '너희는 이 말을 귀담아들어라. 사람의 아들은 사람들의 손에 넘겨질 것이다.' 그러나 제자들은 그 말씀을 알아듣지 못하였다. 그 뜻이 감추어져 있어서 이해하지 못하였던 것이다. 그들은 그 말씀에 관하여 묻는 것도 두려워하였다."(루카 9,43-45)

우선 사람의 아들은 고난을 겪고 죽어야 한다고 말합니다. 여기에는 신직 신비, 즉 이따금 사람들이 고난이라는 대가를 지불해야 한다고 믿는 불운한 운명이 아니라 사랑의 결과인 신적 안배가 있습니다.

예수님께서는 오로지 아버지를 위해 사시고, 오로지 다른 사람을 위해 사시며, 당신의 그 같은 사랑이 애석하게도 죽음을 가져오리라는 것을 분명하게 직관하십니다. "그렇게 되어야 한다."라는 표현은 죄 많은 세상에서 오로지 아버지와 사람들에게 헌신하는 삶을 사시다가 당신께 닥칠 일을 내다보시는 예수님의 심오한 직관을 가리키는 말입니다. 사람의 아들은 많은 고난을 겪어야 합니다. 그것은 사람들에게, 우리 각자에게 결코 반갑지 않은 일입니다.

더구나 예수님께서는 고난을 겪으실 뿐만 아니라, 배척까지 받으십니다. 고난은 인간의 전 영역에 걸쳐 일어납니다. 예수님께서는 사회에서 받아들여지지 않고, 미움과 압박, 소외를 당하십니다. 개개인이 아니라 공권력,

종교적·문화적 권력층, 즉 원로들과 수석 사제들과 율법 학자에게서 배척을 받습니다. 예수님으로서는 살아나갈 공간이 없는 것이나 마찬가지입니다. 결국 배척받을 만큼 거부당하시다가 죽임을 당하시고 맙니다. 그러나 예수님께서는 되살아나십니다. 말하자면 모든 것이 역전되는 것이지요.

죽음에 이르는 사랑이요, 죽음에서 생명의 승리로 나아가는 사랑 자체이신 하느님의 신비와 그 신비를 꿰뚫는 예수님의 통찰에 대해 관상해 봅시다. 예수님께서는 이 모든 것을 온전히 직관하시고 깨달으십니다. 그분의 직관은 하느님과 인간과 역사의 신비를 깊이 헤아릴 줄 아는 슬기로운 자세이며, 그것은 곧 선물입니다.

다음으로 예수님의 통찰이 지닌 명철함을 이해하려 들지 않으려는, 아니 알려는 노력조차 하지 않으려는 제자들의 태도에 주목합시다. 제자들이 예수님의 말씀을 애써 외면하려는 이유는 그분께 고난에 관해 여쭙는 것조차 두려웠기 때문입니다.

루카 복음서의 두 단락은 두 가지 자세를 비교함으로써 분명해집니다. 하나가 예수님께서 당신의 운명과 하느님 나라의 신비 그리고 죽음에까지 이르는 사랑의 신비를 꿰뚫어 보시는 직관이라면, 다른 하나는 슬기롭지 못한 태도, 즉 이해하기를 거부하는 사람들과 제자들의 반발이 그것입니다.

왜 그런 반발이 일어났을까요? 루카 복음서 9장 23절을 보면 그에 관한 설명이 나옵니다.

> "예수님께서 모든 사람에게 말씀하셨다. '누구든지 내 뒤를 따라오려면, 자신을 버리고 날마다 제 십자가를 지고 나를 따라야 한다.'"

사람들은 무의식적으로 자신들이 예수님의 직관 속으로, 사랑과 십자가와 죽음의 신비 속으로 들어가 그분과 비슷한 길을 걷고 또 날마다 십자가를 지고 그분을 따라야 한다는 것을 알아차린 것 같습니다. 이 때문에 우리는 무의식적으로 영적 통찰에 반발합니다. 영적 통찰을 하지 않으려고, 아예 모르는 척하려고, 소경처럼 맹목적으로 나아가려 합니다. 영적 통찰이 우리에게 크나큰 선물이면서 꼭 필요한 것인데도 말입니다.

우리가 신적 신비, 즉 십자가와 삼위일체의 관계, 십자가와 하느님 부성父性과의 관계를 이해하기 위해서는 영적 통찰이 필요합니다. 이 신적 신비 안에서 우리 삶과 우리 죽음의 신비를 직관하기 위해서도 영적 통찰은 필요합니다. 이 같은 선물 없이는 살면서 용기 있게 앞을 바라보며 나아갈 수 없습니다.

하느님의 신비가 우리 시대에 어떻게 드러나는지를 이해하기 위해서는 영적 통찰이 필요합니다. 우리가 하느님의 신비를 찾을 수 있다 해도, 하느님의 신비가 우리 시대에 어떻게 감춰졌는지를 이해하기 위해서는 영적 통찰이 필요합니다. 십자가에 못 박혀 돌아가시고 부활하신 예수님께서 어떻게 우리 가운데 살아 계시며, 우리가 그분을 어떻게 만날 수 있는지를 이해하기 위해서는 영적

통찰이 필요합니다. 성령이 우리 가운데서 어떻게 작용하시며, 성령에 힘입어 우리가 어떻게 활기차게 지낼 수 있는지를 이해하기 위해서는 영적 통찰이 필요합니다.

우리 시대에 이 통찰은 세속주의와 종교적 무관심의 현상 앞에서, 우리 사회를 무미건조하게 만드는 현상 앞에서 영혼을 잃어버리지 않기 위해서라도 대단히 중요합니다.

우리 시대에 하느님의 신비에 대한 통찰이란 돌 틈에서도 피어나는 꽃을, 푸르른 초원을, 아름다운 정원을 발견하는 선물이라고 말할 수 있습니다. 이를테면 영적 통찰은 사회의 시든 얼굴이 웃음꽃을 피워 변화되도록 공기와 물과 빛을 주는 선물입니다.

요약하면 영적 통찰의 선물은 우리 행동에 명쾌함과 굳센 힘과 평온함을 주고, 아버지와 아들과 성령의 현존을 일상생활의 질곡 안에서 발견하게 해 주며, 부활하신 주님의 현존을 우리의 십자가 안에서 관상하게 해 주는 근본적인 선물입니다.

예수님과 그리스도인들 안에 나타나는 용기의 선물

통찰과 함께 묵상하고자 하는 마지막 선물인 용기, 즉 도덕적 힘, 영혼의 힘에 대해서도 살펴보겠습니다.

예수님의 용기는 무엇보다 죽음 앞에서 보여 주신 그분의 자세에서 드러납니다.

> "낮 열두 시쯤 되자 어둠이 온 땅에 덮여 오후 세 시까지 계속되었다. 해가 어두워진 것이다. 그때에 성전 휘장 한가운데가 두 갈래로 찢어졌다. 그리고 예수님께서 큰 소리로 외치셨다. '아버지, 제 영을 아버지 손에 맡깁니다.' 이 말씀을 하시고 숨을 거두셨다."(루카 23,44-46)

땅에 커다란 어둠이 덮여 모든 사람이 불안과 두려움에 사로잡혔습니다. 성전 휘장이 찢어졌습니다. 다시 말해 인간이 만든 제도적 안전장치와 그에 대한 확신이 무너져 내린 것입니다. 예수님께서는 죽음을 정면으로 마주 보시고, 신뢰 가득한 목소리로 기꺼이 아버지께 당신 자신을 맡기겠노라며 크게 외치십니다. 예수님께서는 죽음 앞에서도 아버지의 신비를, 그 부성의 신비를 온몸으로 드러내시며 아버지 손에 당신 생명을 맡기셨습니다.

예수님의 용기는 죽음의 두려움을 넘어선 승리입니다. 모든 악을 쳐부순 승리입니다. 예수님께서는 당신을 결코 버리실 리 없는 아버지의 품으로 돌아가시리라는 것을 알고 계셨습니다.

용기는 그리스도인들에게 영혼의 힘을 실어 주는 선물입니다. 용기는 온갖 모순과 위험 속에서도 우리에게 믿음을 고백할 힘을 줍니다. 용기의 선물을 보여 주는 극적인 예는 순교, 즉 만사가 하느님의 손안에서 이루어진다는 것을 믿고 죽음의 두려움조차 극복하는 행위입니다.

암브로시오 성인은 순교자들을 무척 사랑하였습니다. 그래서 이 밀라노 대성당에서도 제르바소Gervaso와 프로타소Protaso라는 두 명의 순교자 곁에 묻혔습니다. 암브로시오 성인은 용기를 엄청난 선물이라고, 늘 자기 곁에 두고 싶은 크니큰 유산이라고 평가하였습니다.

용기의 선물은 영웅적인 용감한 행위에 희망을 가져다주는, 죽음의 절망에 희망을 가져다주는, 죽음의 두려움을 극복하는 데 희망을 가져다주는, 곧 망덕望德을 완전하게 해 주는 선물입니다.

이와 관련해서 아기 예수의 데레사 성녀가 자기 생애의 마지막 몇 개월 동안 쓴 글을 읽어 봅시다.

"한 현자(아르키메데스)가 '지레와 받침대만 주시오, 그러면 지구를 들어 올리겠소.'라고 말했습니다. 그런데 아르키메데스는 하느님께 그것을 청하지 않았고, 또 그것을 물질적인 관점에서만 구했기 때문에 얻을 수 없었습니다.

그러나 성인들은 아르키메데스가 얻지 못한 것을 넘치도록 받았습니다. 전능하신 분께서 성인들에게 받침대를 주셨으니, 받침대란 곧 그분 자신, 오직 그분 하나뿐이었습니다. 지레는 사랑의 불꽃을 일으키는 기도입니다. 성인들은 하느님과 기도로써 세상을 들어 올렸고, 세상과 싸우는 교회의 성인들은 지금도 그렇게 세상을 들어 올립니다. 그들은 세상 끝 날까지 앞으로도 계속해서 세상을 들어 올릴 것입니다."(《자서전 C》, 338항)

여기에서 말하는 기도는 통찰과 용기를 얻는 기도입니다. 바오로 사도가 에페소 신자들에게 보낸 서간에서 가르친 것처럼, 주님 안에서 우리가 받아야 할 선물입니다.

"주님 안에서 그분의 강한 힘을 받아 굳세어지십시오."(에페 6,10)

적대적 환경과 냉담한 세상 안에 몸담고 사는 우리가 그리스도인임을 고백하는 데 꼭 필요한 것이 바로 용기, 즉 힘입니다.

청소년과 젊은이들이 살면서 부딪히는 가장 큰 어려움 중 하나는 자기가 속한 집단과 전혀 다른 방식으로 처신하고, 동료들에게 조롱받고, 다른 사람처럼 행동하지 못하는 데서 오는 두려움입니다. 많은 청소년이 쉽게 자포자기하고 회피하는 태도가 그것을 설명해 줍니다. 그들은 현재의 흐름을 거스를 힘, 용기를 갖지 않습니다.

따라서 우리는 모두 용기의 선물이 필요합니다. 우리는 우리 자신과 이웃을 위해 기도하는 가운데 용기의 선물을 청하도록 초대받았습니다.

게다가 영혼의 힘은 우리가 맞닥뜨린 삶의 시련과 고통, 질병, 일탈 등이 우리의 나약함으로는 극복 불가능한 것처럼 여겨질 때에 꼭 필요합니다. 이 점과 관련해 앞서 언급한, 26세의 나이에 암으로 숨진 젊은 크리스티나의 글을 하나 인용하고 싶습니다. 크리스티나는 일기에 이렇게 썼습니다.

"예수님, 저는 십자가 위에서 당신을 받쳐 드릴 수

없습니다. 더 이상 당신의 말씀이 들리지 않기 때문입니다. 어쨌든 저의 두려움과 이 아픔을 거두어 주시고 누군가를 구원하소서. 그래야 제 고통이 헛되지 않을 테니까요. 이 순간에 당신의 말씀을 듣지 못한다 할지라도 저는 당신께 제 두려움과 아픔을 봉헌합니다. 주님, 당신이 거기에 계심을 압니다. 힘에 부쳐 견디지 못할지라도, 저는 마지막까지 안간힘을 다할 것입니다."

우리는 크리스티나의 말을 듣는 순간 이렇게 탄성을 내지를 수밖에 없습니다.
"아, 진정 성령께서는 저 많은 사람 속에서 통찰과 용기의 선물을 베푸시며 현존하시는구나!"

나가며

영신 수련을 마치는 세 가지 성찰

우리의 영신 수련을 정리할 때가 되었습니다. 밀라노 대성당에 와 주신 여러분에게, 그리고 텔레비전과 라디오를 통해 우리와 마음으로 하나가 되어 주신 많은 분께 감사드립니다. 저는 여러분 덕분에 하느님의 영의 생기 가득한 숨결을 느꼈습니다. 이 수련을 하는 동안 제 안에서 점차 고개를 들기 시작한 세 가지 성찰에 관해 말씀드리며 수련을 마칠까 합니다.

첫 번째 성찰은 의구심입니다. 지금까지 우리는 성령에 대해 많은 말을 하였습니다. 그런데 그 성령은 대체 어

디에 있는 것일까요?

두 번째는 종합적 성찰입니다. 과연 무엇으로 성령의 일곱 가지 선물을 한데 묶어 종합을 이룰 수 있을까요?

세 번째 성찰은 인정, 즉 그리스도인의 참삶이 무엇인지를 깨달아 아는 것입니다. 저는 이것이 우리 영신 수련의 열매일 수도 있다고 보기에 여러분에게 제 생각을 말씀드릴까 합니다.

첫 번째 성찰

매일 영신 수련 강의를 끝내고 집으로 돌아가는 길에 제 안에 또 다른 생각이 꿈틀거리며 의문을 제기하는 것을 알아차렸습니다. 어쩌면 여러분 안에서도 똑같은 일이 벌어졌는지도 모르겠습니다. 성령의 선물이 정말 있다면, 우리 그리스도인들의 행동은 왜 이처럼 무기력하고 불확실하고 모순투성이일까요? 과연 성령이 있다면,

교황 성하께서 그러신 것처럼 우리의 역사적 과오 때문에 굳이 용서를 청할 필요가 있었을까요?

지금 우리는 영신 수련의 핵심에 와 있습니다. 우리가 영신 수련을 제대로 마쳤다면 많은 그리스도인이 성령 없이 지내며, 성령의 움직임과 초대에 무관심하고, 성령의 선물에 자신을 의탁하지 않고, 자신의 삶 속에서 선물을 알아채지 못함을 뼈아프게 자각하게 됩니다.

바로 이것이 교회의 커다란 고통입니다. 온갖 선물을 그토록 풍요롭게 채워 주시는 성령께서는 정말 세상의 눈에는 띄지 않습니다. 교리적 관점에서뿐만 아니라 실생활의 관점에서도 보이지 않습니다. 우리를 포함한 많은 사람이 자기 계산에 따라 움직이고, 자기가 가진 능력인 힘을 중시하고, 자기가 모든 것을 쥐락펴락할 수 있다고 생각합니다. 그런데도 정작 성령의 선물은 모습을 보이지 않으니, 그런 상황에서 성령의 선물은 그저 무기력하고 질식당한 것으로 비칠 뿐입니다.

우리가 함께한 영신 수련의 첫 번째 열매는 우리가 성

령의 선물을 가지고 있음을 깨달아 아는 것, 그리스도인의 영성靈性은 인간적 동기에서 움직이지 않고 하느님의 영에 의해 움직이는 것임을 깨달아 아는 것입니다. 저는 여러분이 이 점을 깊이 깨닫기 바랍니다. 바로 이것이 저의 사목 교서 〈영의 세 가지 이야기〉가 담은 의미입니다.

성령의 일곱 가지 선물에 힘입어 움직여 봅시다. 힘이나 슬기나 지혜를 가졌는지 느껴 본답시고 꾸물대지 맙시다. 우리가 마냥 부족하다고 생각해서 우리 자신을 고립시키지 맙시다. 그보다는 모든 일이 우리 손에 달린 것처럼 과감하게 행동합시다. 하느님께 성령을 청하고, 성령이 우리의 나약함을 도우러 오시리라는 확신을 가지고 움직입시다.

진심으로 이 영신 수련을 통해 그리스도교 영성의 동력과 저력은 바로 부활하신 예수님의 영이라는 자각이 생겨나기를 소망합니다.

두 번째 성찰

성령의 일곱 가지 선물을 아우르는 종합적 관점, 그 선물들을 다시 하나로 묶어 주는 것이 있을까요?

당연히 있습니다. 성자 예수님 안에서 우리를 자녀로 만들어 주는 것이라면 모두 성령의 선물입니다. 그러므로 하느님의 부성이 모든 것의 종합입니다. 그것은 곧 예수님 안에서 하느님의 자녀로서 충만하고 기쁘고 창조적이고 열정적으로 사는 것을 말합니다. 따라서 지혜, 통찰, 의견, 용기, 하느님에 대한 경외, 지식, 하느님에 대한 공경에 참여하는 것은 우리 또한 그분의 자녀이고, 예수님 안에서 아버지이신 하느님께 다가갈 수 있음을 깨닫는 것입니다.

이제 모든 것을 그분과의 관계 안에서 지혜롭게 살펴봅시다. 이 세상 현실 안에 아버지의 선물과 아버지께 나아가는 길이 있음을 보고, 세상 현실 속에서 민첩하고 용기 있고 슬기롭게 움직여 봅시다.

바로 여기에서부터 지식과 공경과 하느님에 대한 경외의 모든 풍요로움이 자녀들에게 건네집니다. 따라서 우리는 주님의 기도라는 기도를 통해 성령의 모든 선물을 종합하여 표현할 수 있습니다.

세 번째 성찰

영신 수련의 마지막 열매인 세 번째 성찰은 성령을 따르는 그리스도인의 삶이라는 심대하고 고귀하며 고원한 이상을 갖는 것입니다.

신덕과 망덕과 애덕으로 충만한, 지혜와 통찰과 용기 등의 선물로 충만한 세례의 삶은 평범하고 매력적이고 쓸쓸하고 막연한 빛에 이끌리는 삶이 아닙니다. 이러한 덕과 선물들은 삶의 태도에 근본적인 변화를 가져옵니다. 그것은 기품 있고 풍요롭고 즐겁고 자유롭고 언제나 새롭고 신선하며, 이웃에게 관심을 갖고 타인을 잊지 않은 채 하느님께 집중하는 삶입니다.

이런 삶이야말로 오늘의 세상에서 누릴 수 있는 풍요롭고 완전한 삶의 유일한 모델입니다. 그 같은 삶이야말로 예수님과 똑같은 삶이요, 암브로시오 성인이나 아기 예수의 데레사 성녀처럼 겸손하고 작은 영혼이 이루어 낸 영의 삶이기 때문입니다. 성령 안에서의 삶이야말로 우리 영혼의 위대함을 알게 하고, 우리 각자의 고귀함을 일깨워 줍니다.

그것이 곧 우리가 소망하는 삶입니다. 우리는 그 같은 삶을 통해 사회에 봉사하고, 성령의 새로운 힘을 사회에 불어넣기를 소망합니다. 바로 이것이 과거 암브로시오 성인이 품었고, 지금은 우리 교회가 품는 사목적 꿈입니다. 용기, 통찰, 지혜, 지식, 의견, 하느님에 대한 경외와 공경이 우리 모두에게 함께하기를 바랍니다.

성령의 불꽃이 우리 마음속에서 타오를 뿐 아니라 우리 사회 전체의 심장까지 뜨겁게 덥혀 주기를 간절히 기도합시다.

부록

공동체의 양심 성찰을 위한 십계명

본당, 단체, 모임, 운동 등 모든 공동체가 하느님의 말씀을 기꺼이 따르며 성령의 숨결에 마음을 활짝 열도록, 모든 이를 다음의 양심 성찰에 초대합니다.

1

믿음의 공동체, 교회 전체의 믿음에 충실한 공동체, 예수 그리스도를 통해 우리에게 말씀하시는 살아 계신 하느님을 마음과 생명을 다해 조건 없이 따르는 공동체가 되십시오. 지향을 올곧게 가꾸고, 고통과 슬픔 속에서도 기뻐하며, 멀리 떨어져 있는 이들에게든 가까운 이웃에게든 언제나 자비를 베풀 수 있는 만반의 준비를 갖추십시오.

- 가톨릭 교회의 신앙을 믿습니까?
- 살아 계신 하느님께 전적으로 충실한 삶을 삽니까? 여러분이 속한 공동체는 믿음으로 말씀을 듣고 거룩한 전례를 거행하며, 주님이신 예수님의 복음을 증거합니까?
- 마음이 깨끗한 사람들, 슬퍼하는 사람들, 자비로운 사람들이 누리는 참행복을 누리며 삽니까?

2

　내적 기도 안에서, 여러분의 목자와의 친교 안에서, 하느님의 말씀을 따라 영적 통찰로 풍요롭고 우리 시대의 분열과 혼란 속에서도 통합을 이루어 낼 줄 아는 공동체가 되십시오.

- 어떻게 영적 통찰을 합니까?
- 하느님의 말씀을 따를 준비가 되어 있습니까? 하느님의 말씀에 비추어 토론합니까?
- 여러분이 속한 공동체에 '기도 모임'이나 '거룩한 독서lectio divina 모임'이 있습니까?
- 목자들의 교도권에 진심으로 순응합니까?
- 여러분의 공동체가 내세우는 카리스마와 여러분의 영적 스승들에게서 물려받은 통찰을 가톨릭 신앙이 가르치는 통찰과, 교황 및 주교들이 통찰에 관해 제시하는 지침에 따라 판단하고 평가합니까?

3

믿음의 지식 안에서 성장하는 바람직한 공동체, 진리의 화음을 들려주는 스승들의 양식을 먹고 자라는 공동체가 되십시오. 진리는 빛을 비추어 주고 구원하니, 진리는 시간과 공간 안에, 과거와 같이 현재에도 가톨릭의 모든 공동체에 주어진 다양성과 풍요로움 안에 현존합니다. 성령에 충실한 사목 계획을 세우고 실천하는 공동체가 되십시오.

- **여러분의 공동체는 믿음의 지식을 양식 삼아 자랍니까? 구성원들의 신학적 양성에 관심을 기울입니까?**
- **여러분이 속한 공동체는 성령이 교회 안에 북돋아 주고 교회가 여러분에게 권고하는 신학과 영적 체험의 스승들에게 귀를 기울입니까?**
- **여러분은 사목 계획을 충실히 실천합니까?**

4

 의견의 선물에 순응하는, 영적 성숙의 단계에서 단 한 사람의 영적 여정도 존중할 줄 알며 개개인의 여정을 도와주는 공동체가 되십시오. 위로자이신 성령과 현명하고 온전히 자유로운 사람들의 지도 아래 각자의 선택을 자유롭게 영위할 공동체가 되십시오.

- 여러분의 공동체는 의견의 선물이 존중받고 장려됩니까?
- 공동 목표를 향해 나아가기 위해 온갖 노력을 기울여야 할 때에도, 여러분의 공동체에서는 개인의 생각과 양심을 성숙시키기 위한 여정이 존중받고 또 강조됩니까?
- 여러분의 공동체에 소속되지 않은 사람들과도 한데 어울리며, 그들에게서도 영적 지도를 받도록 공동체 구성원들을 독려합니까?

· 여러분의 은총이나 여러분의 모임이 '하나의 길'임을, 교회의 수많은 길 가운데 하나임을 압니까? '다른 길들'도 하느님의 부르심이고 또 부르심일 수 있으며, 그 길들 없이는 현재의 교회 안에서 구원 계획이 완수되지 못함을 인정합니까?

· 여러분이 걷는 '길'은 진정 교회의 길입니까?

5

희망 안에 살며 모두에게 하느님의 약속이 넘침을 증거할 수 있는 공동체가 되십시오! 하느님의 넘치는 약속은 우리를 모든 악의 굴레와 죽음의 두려움에서 자유롭게 해 줍니다. 또 신뢰의 마음으로, 지상의 이익과 재물에 대한 초연함으로, 온갖 실패나 박해나 패배보다 강한 확신으로 나아갈 바를 바라보게 합니다.

- 여러분이 속한 공동체는 희망이 가득합니까?
- 현시대의 수많은 악 앞에서도 하느님께서 우리를 위해 펼쳐 주실 전망을 언제나 변함없이 바라볼 수 있습니까? 온갖 일들과 마주치는 가운데서도 언제나 희망을 증거합니까?
- 주님 안에서 희망을 가지고 기쁘게 삽니까? 마음이 가난한 사람들, 의로움에 주리고 목마른 사람들, 박해받는 사람들이 누리는 참행복을 누리며 삽니까?

6

 하느님의 시선 안에서 사는, 오직 그분의 마음에 들기를 소망하는, 그래서 그분의 거룩한 이름을 경외하는 가운데 신중하게 처신하고 활동할 줄 아는, 세상의 계산과 평가에서 자유로운 공동체가 되십시오.

- 여러분이 내리는 평가와 여러분이 세우는 계획 안에서 하느님에 대한 경외는 얼마나 큰 비중을 차지합니까?
- 주님의 심판을 받을 준비가 되어 있습니까, 모든 일에서 그분의 마음에 들고자 애씁니까?
- 복음과 예수님을 따르라는 요구를 마음에 품고 살아갑니까, 아니면 지상의 성공을 꿈꾸는 일에 연연합니까?

7

　희망으로 강해지는, 하느님께서 여러분을 위해 남겨 주시고 교회가 목자들을 통해 전해 준 길로 끈기 있게 걸어가는, 하느님에 대한 충직함과 증거 안에서 자유롭고 용기 있는, 값비싼 대가를 치르더라도 주님께서 베풀어 주시는 참된 자유의 선물 안에서 이웃을 위해 아낌없이 내어 주는 공동체가 되십시오.

- 여러분이 속한 공동체는 희망으로 힘을 얻습니까?
- 하느님의 부르심에 충실히 응답하는 가운데 여러분이 가야 할 길을 지속적으로 끈기 있게 걸어갑니까?
- 여러분의 공동체는 신뢰하고 의지할 수 있습니까?
- 여러분은 무관심이 아닌 희생을 요구하는 책임에도 성실합니까?

8

　사랑 안에서 활동하는, 열려 있는, 화해의 생생한 몸짓을 보여 줄 수 있는, 비록 여러분과 다르다 할지라도 모든 형제자매를 반갑고 너그럽게 맞아 주는, 존경과 사랑으로 타인을 받아 주고 하느님께서 여러분에게 주신 선물을 무상으로 베풀기 위해 타인에게 자리를 내어 주는 공동체가 되십시오! 기쁜 마음으로 너그럽게 용서하고 마음의 평화를 위해 힘껏 활동하십시오.

- 여러분이 속한 공동체는 모든 형제자매를 반갑고 너그럽게 맞아 줍니까? 여러분과 가까운 사람이나 하느님을 찾고 예수 그리스도를 만나기를 소망하는 사람에게 항상 열려 있고 그들을 환대합니까?
- 교회의 다양성을 존중합니까?
- 여러분이 공동체와 더 이상 함께하지 못할지라도 하

느님 나라의 성장을 위해 교회에 봉사할 준비가 되어 있습니까?
- 몰이해와 모욕 앞에서도 온유함을 잃지 않습니까?
- 이해받고 평화로울 때에는 어떤 태도로 이웃을 섬깁니까?

9

　공경으로 충만한 공동체, 하느님을 열렬히 사랑하는 공동체, 매 순간 하느님의 고통과 기쁨을 함께하고픈 마음으로 그분 사랑에 보답하기를 소망하는 공동체가 되십시오.

- 믿음과 희망과 사랑의 공동체는 자신이 먼저 공경함으로써 인정을 받습니다. 여러분의 공동체는 선택을 할 때 항상 하느님을 흠숭하고 존중하는 마음으로 합니까?
- 하느님을 향한 부드러운 마음을, 하늘에서 무상으로 받은 위대한 사랑의 열매인 그 마음을 구성원들에게 아낌없이 나누어 줍니까?
- 그 무엇보다 주님을 사랑하는 것이 시급함을 마음과 정신을 다해, 우리의 모든 것을 다해 세상에 증거합니까?

🔥
10

 영적 지혜로 풍요로운, 세상 어떤 것보다 사랑을 으뜸으로 삼고 살아가는 공동체가 되십시오! 사랑은 하느님에게서 오며, 사랑은 우리를 하느님 생명에 참여시킵니다. 이 세상 안에서 길을 찾기보다 하느님과 그분의 무한한 사랑을 향해 나아갈 길을 찾으십시오.

- 사랑과 십자가의 지혜를 실천하며 살아갑니까?
- 세상 그 무엇보다 사랑이 먼저임을 온전히 받아들입니까?
- 여러분이 속한 공동체 구성원들은 사랑 안에서 반갑고 너그럽게 사람들을 맞이할 만큼 하느님을 사랑합니까?